AF533999

Oda Tietz

# PIKANTES RUND UMS KANINCHEN

Oertel+Spörer

## Bildnachweis

Titelbild: © Comugnero Silvana / Fotolia.com
Innenteilbilder:
© S.E. shooting / Fotolia.com: S.11; © silencefoto / Fotolia.com: S.13, 25; © Alexander Brylijaev / Fotolia.com: S.14, 32, 157; © xiquence / Fotolia.com: S.18; © UMA / Fotolia.com:S.21; © illustrez-vous / Fotolia.com: S.22; © msk.nina / Fotolia.com: S.31; © Uwe Bender / STOCKFOOD: S.39; © Andrea Wilhelm / Fotolia.com: S.40; © Carmen Steiner / Fotolia.com: S.45; © Christian Jung / Fotolia.com: S.52; © blende40 / Fotolia.com: S.55, 160; © S.&P. Eising / STOCKFOOD: S.57, 145; © Evgeny Korshenkov / Fotolia.com: S.63; © Marco Mayer / Fotolia.com: S.65; © ExQuisine / Fotolia.com: S.67; © Mardre / Fotolia.com: S.71; © photocrew / Fotolia.com: S.77; © Lucky Dragon / Fotolia.com: S.82; © Eva Gruendemann / Fotolia.com: S.86; © Serhiy Shullye / Fotolia.com: S.92; © homydesign / Fotolia.com: S.100; © Christian Jung / Fotolia.com: S.105, 170; © unverdorben / Fotolia.com: S.111; © Oleksiy Ilyashenko / Fotolia.com: S.115; © Harry Bischof / STOCKFOOD: S.117; © Hyrma / Fotolia.com: S.123; © Malyshchyts Viktar / Fotolia.com: S.130; © rdnzl / Fotolia.com: S.136; © unpict / Fotolia.com: S.150; © MP2 / Fotolia.com: S.167

## Haftungsausschluss



## Bibliografische Information der Deutschen Nationalbibliothek

Die Deutsche Nationalbibliothek verzeichnet diese Publikation in der Deutschen Nationalbibliografie;
detaillierte bibliografische Daten sind im Internet über http://dnb.d-nb.de abrufbar.


Postfach 16 42, 72706 Reutlingen

Umschlaggestaltung, Layout und Satz: Oertel+Spörer Verlags-GmbH + Co. KG; raff digital GmbH, Riederich
Druck und Einband: LONGO AG-SPA, Bozen-Bolzano
Printed in Italy
ISBN 978-3-88627-750-6

# Inhalt

# Vorwort

Kaninchen sind Verwandlungskünstler par excellence. Sie präsentieren sich äußerst ansehnlich, duften höchst aufregend, umgeben sich mit geschmackvollen Begleitern, enttäuschen ihre Bewunderer nie und werden deshalb reichlich mit Applaus und Bravorufen bedacht.

Sie passen zu allen festlichen Anlässen, jeder mag sie, egal, ob sie sich verführerisch in feinen Suppen oder deftigen Eintöpfen, gebrutzelt am Spieß, frisch aus dem Backofen, kühl, farbenfroh und aromatisch als Salat, als glanzvoller Braten mit Soßen der besten Art oder umschmeichelt von knusprigen Teigen als Pasteten und pikante Torten präsentieren – sie versprechen immer Essvergnügen pur.

Ihre einstige Rolle, „nur" Sonntagsbraten auf dem Familientisch zu sein, ist verblasst. Heute darf für sie jeder Tag ein Sonntag sein. Denn die Küchenfantasien machten auch vor dem zarten, mageren (100 Gramm haben gerade mal 127 Kilokalorien!) und gut verträglichen Kaninchen nicht Halt. Und so entstand peu à peu ein Zungenspitzenreiter nach dem anderen. Der unwiderstehliche Gaumenschmeichler, dem sich kaum ein Feinschmecker entziehen kann, zeigt sich gebraten, gegrillt, gebacken, geschmort – mal edel, mild, zart, sanft und aromatisch, mal würzig, deftig und pikant.

Besonders gut stehen dem fettarmen, vitaminreichen Kaninchenfleisch mit dem zurückhaltenden Aroma Räucherspeck, Zwiebeln, Knoblauch, Wein, Kognak oder Weinbrand und Madeira. Seine Sehnsucht nach den verschiedensten Gewürzen und Kräutern ist groß. Und es liebt das ausgiebige Baden in Sahne, Rotwein, Bier und Buttermilch. Obendrein ist Kaninchenfleisch auch noch wirtschaftlich attraktiv, denn aus Resten lassen sich Pasteten, Salate, Gemüsefüllungen, Bratlinge und bunte Brote bereiten. Die Knochen liefern eine aromatische Suppe.

Beim Kauf sollte man darauf achten, dass das Fleisch hell und rosig, das Fett weiß und fest ist. Wichtig ist, dass man einen guten Bräter besitzt, am besten eine längliche, gusseiserne Bratenpfanne, wie sie schon die Altvorderen schätzten. Weiterhin sollte man Rouladennadeln oder Küchengarn parat haben, spitze und scharfe Messer, eine Spicknadel, mit der sich ganz leicht Speckstreifen ins Fleisch ziehen lassen, von den Zutaten das Beste und vor allem viel Kochlust, Feingefühl und Mut zur Kreativität. Dann klappt's auch mit dem glanzvollen Auftritt!

Neugierigen Gaumen und Augen werden immer aufs Neue faszinierende Entdeckungen geboten. Denn Kaninchen sind eine kulinarische Herausforderung!
(Ob Kaninchenfleisch auch ewige Jugend und Schönheit verleiht, wie dereinst in Adelskreisen gepriesen, muss jeder selbst herausfinden!)

Ihre Oda Tietz

# Maßangaben

g = Gramm

kg = Kilogramm

ml = Milliliter

l = Liter

TL = Teelöffel (gestrichen)

EL = Esslöffel (gestrichen)

Prise = Menge, die zwischen Daumen und Zeigefinger gehalten werden kann

Die Zutaten für die Rezepte sind jeweils für 4 Personen berechnet.

Die angegebenen Beilagen sind Vorschläge, die sich natürlich beliebig variieren oder abwandeln lassen oder durch andere Beilagen, deren Zubereitung im letzten Kapitel beschrieben wird, ersetzt werden können.

# Kochtipps

## EINKAUF

Kaninchen werden das ganze Jahr über im Wild- und Geflügelhandel angeboten. Man sollte darauf achten, dass das Fleisch hell und rosig und das Fett fest und weiß ist.
Ein ganzes Kaninchen wiegt zwischen 1,4 und 2,5 Kilogramm. Man kann aber auch Kaninchenteile kaufen. Der Rücken wiegt 200 bis 350 Gramm, Keulen bringen 200 bis 300 Gramm auf die Waage. Auch Innereien wie Leber, Herz und Nieren sind bei Händlern im Angebot. Wer die Möglichkeit hat, ein Kaninchen direkt beim Erzeuger zu erwerben, sollte dies nutzen. Das Fleisch ist oft aromatischer, wenn die Fütterung abwechslungsreicher erfolgt.

## AUFBEWAHRUNG

Ein frisches Kaninchen kann man im Kühlschrank – in Haushaltsfolie verpackt – zwei Tage aufbewahren. Legt man es in eine Rotwein- oder Buttermilchbeize, hält es sich drei bis vier Tage. Dabei darf man aber das mehrmalige Wenden nicht vergessen.

## EINFRIEREN

Sorgfältig in spezielle Gefrierbeutel verpackt und dicht verschlossen hält sich ein Kaninchen im Tiefkühlschrank etwa acht Monate.

## TIEFKÜHLWARE

Kauft man tiefgekühlte Kaninchen, sollte man die Mindesthaltbarkeitsdaten beachten und prüfen, ob die Verpackung unbeschädigt ist.

## NÄHRWERT

Kaninchenfleisch ist gut verträglich, denn es verfügt über einen geringen Cholesteringehalt. Es liefert den blutbildenden Mineralstoff Eisen und enthält im Vergleich zu anderen Fleischarten verhältnismäßig viel Vitamin C.

# Vorspeisen

# Kaninchensalat mit Äpfeln

## ZUTATEN

- 1 Kaninchenrücken
- 6 Zweige frischer Thymian
- 30 g Butterschmalz
- Salz
- frisch gemahlener schwarzer Pfeffer
- 6 EL Olivenöl
- 6 EL Weinessig
- 1 kräftige Prise Zucker
- 1 Knoblauchzehe
- Blattsalat (z. B. Feldsalat)
- 3 säuerliche Äpfel
- 2 EL gehackte Haselnüsse

## ZUBEREITUNG

- Den Kaninchenrücken häuten und die Rückenstränge vom Knochen lösen.
- Die Thymianblättchen fein hacken.
- In einer Pfanne das Butterschmalz erhitzen, dann das Fleisch hineingeben und auf jeder Seite 4 Minuten anbraten.
- Herausnehmen, mit Salz, Pfeffer und Thymianblättchen bestreuen und im Ofen warm stellen.
- Aus Öl, Essig, Zucker, Salz, Pfeffer und ausgepresster Knoblauchzehe eine Marinade bereiten.
- Den Salat putzen, waschen, abtropfen lassen und in mundgerechte Stücke teilen.
- Die Äpfel schälen, in Spalten schneiden, dabei das Kerngehäuse entfernen.
- Kaninchenfleisch und Apfelspalten mit der Marinade vermischen.
- Auf 4 Tellern Salatblätter anrichten, darauf das Kaninchenfleisch mit den Äpfeln geben und gehackte Haselnüsse darüber streuen.

## BEILAGEN

Getoastetes, gebuttertes Kräuterbrot (Rezept S. 171) oder Weißbrot, Kräuterhörnchen (Rezept S. 174) oder Baguette

# Kaninchensalat mit Pilzen

## ZUTATEN

- 500 g gegarte Waldpilze
- 1 Paprikaschote
- 2 Tomaten
- 250 g gegartes Kaninchenfleisch
- 2 EL Weinessig
- 6 EL Olivenöl
- 1 TL Senf
- Salz
- 1 kräftige Prise Zucker

## ZUBEREITUNG

- Die gegarten Pilze abgetropft in eine Schüssel geben.
- Paprika und Tomaten putzen, waschen und in kleine Würfel schneiden.
- Das Fleisch in feine Streifen schneiden.
- Paprika, Tomaten und Fleisch vorsichtig mit den Pilzen vermischen.
- Aus Essig, Öl, Senf, Salz und Zucker eine Soße bereiten und zum Salat geben.

## BEILAGEN

Baguette, Roggenbrötchen, getoastete, gebutterte Kräuterbrotscheiben (Rezept S. 171)

# Kaninchensalat mit Kartoffeln

## ZUTATEN

- 4 fest kochende Kartoffeln
- 4 Gewürzgurken
- 400 g gegartes Kaninchenfleisch
- 2 Schalotten
- 2 Knoblauchzehen
- 4 Tomaten
- 4 EL Weinessig
- 4 EL Olivenöl
- Salz
- frisch gemahlener schwarzer Pfeffer
- 1 Prise Zucker

## ZUBEREITUNG

- Die Kartoffeln mit der Schale kochen, pellen, auskühlen lassen und in dünne Scheiben schneiden.
- Die Gurken ebenfalls in Scheiben, das Kaninchenfleisch in Würfel schneiden.
- Die Schalotten und die Knoblauchzehen schälen, fein hacken und mit den Kartoffeln, Gurken und dem Fleisch in eine Schüssel füllen.
- Die Tomaten mit heißem Wasser kurz überbrühen, häuten und in Scheiben schneiden.
- Aus Essig, Öl, Salz, Pfeffer und Zucker eine Soße bereiten und den zubereiteten Salat marinieren.
- Obenauf die Tomatenscheiben legen.

## BEILAGEN

Kräuterbrot (S. 171)

# Pikanter Salat

## ZUTATEN

- 500 g gegartes Kaninchenfleisch
- 3 Äpfel
- 3 Schalotten
- 3 saure Gurken
- 100 ml Weinessig
- 6 EL Olivenöl
- 1 EL Senf
- Salz
- frisch gemahlener schwarzer Pfeffer
- 1 kräftige Prise Zucker

## ZUBEREITUNG

- Das Kaninchenfleisch in mundgerechte Stücke schneiden.
- Die Äpfel schälen, das Kerngehäuse entfernen und in feine Spalten schneiden.
- Die Schalotten schälen, halbieren und in feine Ringe schneiden.
- Die Gurken in kleine Würfel schneiden.
- Alles in eine Schüssel füllen und untereinander heben.
- Aus Weinessig, Olivenöl, Senf, Salz, Pfeffer und Zucker eine Marinade bereiten und den Salat damit marinieren.
- Eine Stunde zugedeckt in den Kühlschrank stellen, dann servieren.

## BEILAGEN

Speckbrötchen (Rezept S. 173), Kräuterhörnchen (Rezept S. 174), Baguette, Weißbrot- oder Roggenbrotscheiben

# Feuriger Salat

## ZUTATEN

- 300 g gegartes Kaninchenfleisch
- scharfer, gemahlener Paprika
- 100 g Sellerie
- 4 Äpfel
- 4 EL Zitronensaft
- 1 Kopfsalat
- 8 EL Weinessig
- 6 EL Olivenöl
- Salz
- frisch gemahlener schwarzer Pfeffer
- 2 EL Joghurt

## ZUBEREITUNG

- Das Fleisch in kleine Würfel schneiden und mit reichlich Paprikapulver bestäuben.
- Den Sellerie putzen, waschen und in feine Streifen schneiden.
- Die Äpfel schälen, das Kerngehäuse entfernen und in Würfel schneiden.
- Die Apfelwürfel mit Zitronensaft beträufeln, damit sie nicht braun werden.
- Den Kopfsalat putzen, waschen und trocken tupfen.
- Aus Essig, Öl, Salz und Pfeffer eine Marinade bereiten, die Salatblätter hineintauchen und auf einer Salatplatte anrichten.
- Sellerie und Äpfel auf die Salatblätter legen und ganz obenauf das Fleisch anordnen.
- Mit etwas Joghurt garnieren und servieren.

## BEILAGEN

Kräuterhörnchen (Rezept S. 174),
Speckbrötchen (Rezept S. 173) oder Weißbrot

# Kaninchenfleischsalat mit Sardellen

## ZUTATEN

- 400 g gegartes Kaninchenfleisch
- 6 EL Olivenöl
- 3 EL Zitronensaft
- 4 EL gehackte Kräuter
(Petersilie, Estragon, Schnittlauch, Kerbel)
- 4 hart gekochte Eier
- 2 Sardellen
- frische Salatblätter
(z. B. Chicorée oder Radicchio)

## ZUBEREITUNG

- Das Kaninchenfleisch in kleine Würfel schneiden.
- Aus Olivenöl, Zitronensaft, Kräutern, Salz und Pfeffer eine Marinade bereiten und über das Fleisch geben.
- Die Eier schälen und halbieren.
- Die Sardellen in Streifen schneiden und auf den Eihälften anordnen.
- Die Salatblätter auf Tellern verteilen, darauf Fleischwürfel anordnen und jeweils zwei Eihälften mit Sardellen darauf setzen.

## BEILAGEN

Speckbrötchen (Rezept S. 173),
Weißbrot oder Zwiebelbrötchen (Rezept S. 176)

# Löwenzahnsalat mit Kaninchenwürfeln

## ZUTATEN

- 500 g gegartes Kaninchenfleisch
- Salz
- frisch gemahlener schwarzer Pfeffer
- 1/2 TL scharfes Paprikapulver
- 1 rote Paprikaschote
- 1 Tomate
- 2 hart gekochte Eier
- 200 g junge Löwenzahnblätter
- 5 EL Olivenöl
- 5 EL Weinessig
- 2 EL Crème fraîche

## ZUBEREITUNG

- Die Eier schälen und in kleine Würfel schneiden.
- Die Paprikaschote und die Tomate waschen, in kleine Würfel schneiden und mit den Eiwürfeln vermengen
- Von den Löwenzahnblättern die Stiele herausschneiden.
- Die Löwenzahnblätter waschen, gut abtropfen lassen und auf Tellern verteilen.
- Aus Olivenöl, Weinessig, Salz und Pfeffer eine Soße bereiten und die Löwenzahnblätter darin marinieren.
- Darauf das Kaninchenfleisch und die Paprika-, Tomaten- und Eiwürfel anordnen.
- Jeweils einen Klecks Crème fraîche daraufgeben und servieren.

## BEILAGEN

Kräuterhörnchen (Rezept S. 174),
Speckbrötchen (Rezept S. 173) oder
Hörnchen mit Fleischfülle (Rezept S. 175)

# Frühlingssalat mit Kaninchenwürfeln

## ZUTATEN

- 200 g Kaninchenfleisch ohne Knochen (aus dem Rücken)
- 50 g durchwachsener Speck
- 20 g Butterschmalz
- Salz
- frisch gemahlener schwarzer Pfeffer
- 1 Bund Lauchzwiebeln
- 4 EL Olivenöl
- Saft von 1/2 Zitrone

## ZUBEREITUNG

- Das Fleisch waschen, trocken tupfen und in mundgerechte Stücke schneiden, den Speck in kleine Würfel schneiden.
- In einer Pfanne das Butterschmalz erhitzen, die Speckwürfel hineingeben und goldgelb braten, dann die Fleischstücke zufügen und von allen Seiten etwa 3 Minuten anbraten.
- Warm stellen.
- Die Zwiebeln mit dem Grün putzen, waschen und in Stücke schneiden.
- Aus Öl, Zitronensaft, Salz und Pfeffer eine Marinade bereiten und den Salat damit marinieren.
- Die Fleischstücke mit den Speckwürfeln darüber geben und sofort servieren.

### Variante

- Anstelle von Lauchzwiebeln kann man auch Schalotten wählen (8 Stück), mit Maiskörnern aus der Dose vermischen und auf knackigen Kopfsalatblättern anrichten.

## BEILAGEN

Kräuterhörnchen (Rezept S. 174), Speckbrötchen (Rezept S. 173) oder getoastete, gebutterte Weißbrotscheiben

# Kaninchenröllchen auf Tomatenscheiben

## ZUTATEN

- 4 Kaninchenrückenfilets
- Salz
- frisch gemahlener schwarzer Pfeffer
- 20 Spinatblätter
- 20 frische Basilikumblätter
- 30 g Butterschmalz
- 100 ml Kalbsfond (Fertigprodukt)
- 6 Tomaten
- 3 EL Olivenöl
- 3 geschälte Knoblauchzehen

## ZUBEREITUNG

- Die Filets waschen, trocken tupfen und mit Salz und Pfeffer einreiben.
- Spinat- und Basilikumblätter waschen, trocken tupfen und auf den Filets verteilen.
- Die Filets zusammenrollen und mit Rouladennadeln oder Küchengarn zusammenhalten.
- In einem Topf das Butterschmalz erhitzen, die Röllchen hineingeben, ringsum scharf anbraten und den Kalbsfond angießen.
- Die Röllchen etwa 10 Minuten darin köcheln lassen.
- Inzwischen die Tomaten waschen und in Scheiben schneiden.
- In einer Pfanne das Öl erhitzen, die Tomatenscheiben hineingeben und etwa 4 Minuten dünsten.
- Mit Salz, Pfeffer und ausgedrückten Knoblauchzehen würzen.
- Die Tomatenscheiben auf Tellern verteilen und die Kaninchenröllchen darauf anordnen.

## BEILAGEN

Roggenbrotscheiben, Roggenbrötchen, Baguette oder Kräuterhörnchen (Rezept S. 174)

# Kaninchenstreifen auf Kohlrabi

## ZUTATEN

- 2 Kohlrabi
- 1 kleiner Eisbergsalat
- 200 g gegartes Kaninchenfleisch oder Bratenreste
- 6 EL Olivenöl
- 3 EL Zitronensaft
- Salz
- frisch gemahlener weißer Pfeffer
- Minzeblätter

## ZUBEREITUNG

- Den Kohlrabi schälen und in hauchdünne Scheiben schneiden.
- Den Eisbergsalat waschen, trocken tupfen und in dünne Streifen schneiden.
- Das Fleisch in feine Streifen schneiden.
- Auf vier Tellern jeweils in der Mitte Eisbergsalatstreifen anordnen, die Kohlrabischeiben ringsum legen und die Fleischwürfel darüber verteilen.
- Aus Öl, Zitronensaft, Pfeffer und Salz eine Marinade bereiten und über den Salat geben.
- Mit Minzeblättern verzieren.

## BEILAGEN

Kräuterhörnchen (Rezept S. 174), getoastete, gebutterte Weißbrot- oder Kräuterbrotscheiben (Rezept S. 171)

# Medaillons auf Radieschensalat

## ZUTATEN

- 3 – 4 Bund Radieschen
- 2 EL Weinessig
- 3 EL Olivenöl
- 1 kräftige Prise Zucker
- Salz
- frisch gemahlener schwarzer Pfeffer
- 4 Kaninchenfilets aus dem Rücken
- 30 g Butterschmalz

## ZUBEREITUNG

- Die Radieschen waschen, in dünne Scheiben schneiden und in eine Schüssel geben.
- Mit einer Marinade aus Essig, Öl, Zucker, Salz und Pfeffer marinieren.
- Das Fleisch in etwa 3 cm dicke Medaillons schneiden und mit Salz und Pfeffer würzen.
- In einer Pfanne das Butterschmalz erhitzen und die Medaillons auf beiden Seiten etwa 3 Minuten anbraten.
- Die marinierten Radieschen in der Mitte eines Tellers anrichten und die Medaillons halb darauf liegend anrichten.

## BEILAGEN

Kräuterhörnchen (Rezept S. 174),
Speckbrötchen (Rezept S. 173),
Roggenbrot- oder Weißbrotscheiben

# Mandelmedaillons auf Blattsalat

## ZUTATEN

- 500 g Kaninchenfilet (aus dem Rücken)
- Salz
- frisch gemahlener schwarzer Pfeffer
- 2 Eier
- 2 EL Mehl
- 125 g gehackte Mandeln
- 50 g Butterschmalz
- verschiedene Blattsalate (z. B. Eichblattsalat, Rucola, Kopfsalat)

## ZUBEREITUNG

- Das Fleisch waschen, trocken tupfen, in etwa 3 cm dicke Medaillons schneiden und mit Salz und Pfeffer einreiben.
- Die Eier verquirlen.
- Die Medaillons zuerst in Mehl wälzen, dann durch die Eimasse ziehen und danach mit Mandeln panieren.
- In einer Pfanne das Butterschmalz erhitzen, die Medaillons hineingeben und auf jeder Seite etwa 3 Minuten goldgelb braten.
- Die Medaillons auf einem Teller mit den frischen Blattsalaten anrichten.

## BEILAGEN

Kräuterhörnchen (Rezept S. 174),
getoastete, gebutterte Kräuterbrot- (Rezept S. 171)
oder Weißbrotscheiben

# Medaillons auf Rotweinporree

## ZUTATEN

- 4 mittelgroße Porreestangen
- 30 g Butterschmalz
- Salz
- frisch gemahlener weißer Pfeffer
- 1 Messerspitze abgeriebene Muskatnuss
- 1/2 l Rotwein
- 400 g Kaninchenfleisch ohne Knochen (aus dem Rücken)
- 80 g durchwachsener Speck
- 2 EL Olivenöl

## ZUBEREITUNG

- Die Porreestangen putzen, waschen und in fingerlange Stücke schneiden.
- In einer feuerfesten Form das Butterschmalz erhitzen, die Porreestücke hineinlegen und kurz andünsten.
- Mit Salz, Pfeffer und Muskat würzen, den Rotwein angießen und im vorgeheizten Backofen bei 200 °C (Umluft 180 °C) 15 Minuten garen.
- Das Fleisch waschen und trocken tupfen.
- Etwa 3 cm dicke Medaillons schneiden und leicht klopfen.
- Den Speck in kleine Würfel schneiden.
- In einer Pfanne das Öl erhitzen, den Speck anbraten und herausnehmen, dann die Medaillons hineingeben und auf beiden Seiten je 3 Minuten anbraten.
- Den Porree mit einem Schaumlöffel herausnehmen, auf den Tellern verteilen, die Speckwürfel darüber streuen und die Medaillons obenauf setzen.

## BEILAGEN

Baguette, getoastete und gebutterte Weißbrot- oder Kräuterbrotscheiben (Rezept S. 171), Kräuterhörnchen

# Kaninchenfleisch auf Sellerie

## ZUTATEN

- 1 Sellerieknolle
- 2 EL Zitronensaft
- 2 EL Kognak oder Weinbrand
- 400 g gegartes Kaninchenfleisch (evtl. Bratenreste)
- 3 Gewürzgurken
- 2 – 3 EL Sojasoße
- Salz
- frisch gemahlener schwarzer Pfeffer
- 1 – 2 EL Preiselbeermarmelade

## ZUBEREITUNG

- Die Sellerieknolle schälen und in Salzwasser bissfest garen.
- Die Sellerie abkühlen lassen und in 4 dicke Scheiben schneiden.
- Die Selleriescheiben mit Zitronensaft und Kognak oder Weinbrand beträufeln.
- Das gegarte Kaninchenfleisch und die Gewürzgurken in kleine Würfel schneiden und miteinander vermischen.
- Mit Sojasoße, Salz und Pfeffer würzen.
- Die Fleisch-Gurken-Mischung pyramidenförmig auf den Selleriescheiben anordnen.
- Obenauf einen Klecks Preiselbeerkonfitüre geben und servieren.

## BEILAGEN

Getoastetes Kräuterbrot (Rezept S. 171), Kräuterhörnchen (Rezept S. 174) oder Speckbrötchen (Rezept S. 173)

# Kaninchensülze

## ZUTATEN

- 1 Bund Wurzelwerk
  (Möhre, Sellerie, Petersilienwurzel)
- 2 Zwiebeln
- 4 Kaninchenkeulen
- 1 TL Thymian
- 4 Pimentkörner
- 1 Lorbeerblatt
- je 8 Wacholderbeeren und Pfefferkörner
- $^{1}/_{2}$ l Rotwein
- $^{1}/_{8}$ l Weinessig
- $^{1}/_{2}$ l Fleischbrühe
- Salz
- 40 g Butterschmalz
- 4 kleine Gewürzgurken
- 200 g marinierte Champignons
- 2 EL getrocknete Steinpilze
- 10 Blatt weiße Gelatine
- $^{1}/_{4}$ l Madeira

## ZUBEREITUNG

- Die Möhre, den Sellerie und die Petersilienwurzel putzen, waschen und in kleine Würfel schneiden.
- Die Zwiebeln schälen und in Scheiben schneiden.
- Die Kaninchenkeulen waschen und in eine Schüssel legen.
- Thymian, Pimentkörner, Lorbeerblatt, Wacholderbeeren, Pfefferkörner, das geschnittene Wurzelwerk und die Zwiebelscheiben dazugeben.
- Rotwein, Essig und Fleischbrühe darüber gießen.
- Zugedeckt über Nacht an einem kühlen Platz durchziehen lassen.
- Dabei die Kaninchenkeulen gelegentlich wenden.
- Das Fleisch herausnehmen, trocken tupfen und mit Salz einreiben.
- In einem Bräter das Butterschmalz erhitzen, die Keulen hineingeben und auf beiden Seiten anbraten.

# Kaninchensülze

- Die Rotweinbeize mit dem Gemüse und den Gewürzen dazugeben, erhitzen und alles eine Stunde köcheln lassen.
- Die Keulen herausnehmen und auskühlen lassen.
- Den Sud durch ein Sieb gießen.
- Die Gurken und die Champignons in Scheiben schneiden.
- Die Steinpilze und die Gelatine getrennt in kaltem Wasser einweichen.
- Das Fleisch von den Knochen lösen, in Würfel schneiden und mit den Gurken- und Champignonscheiben in eine Form füllen.
- Die Steinpilze ausdrücken und dazugeben.
- Die Gelatine zum Sud geben, alles gut verrühren und in die Form gießen.
- Im Kühlschrank erstarren lassen.

## TIPP

Zum Portionieren von zarten Sülzen braucht man ein scharfes Küchen- oder Elektromesser.

## BEILAGEN

Kräuterbrot (Rezept S. 171) oder Baguette mit Preiselbeermayonnaise

Für die Preiselbeermayonnaise vermischt man 6 EL Mayonnaise mit 6 EL Preiselbeerkompott und gibt 1 Teelöffel abgeriebene, unbehandelte Orangenschale dazu.
Zuletzt hebt man 100 ml steif geschlagene Sahne darunter.

# Reiskroketten

## ZUTATEN

- 125 g Langkornreis
- 1 TL Speisestärke
- 200 g gegartes Kaninchenfleisch
- 50 g durchwachsener Speck
- 100 g geräucherte Entenbrust
- 2 Eier
- Salz
- frisch gemahlener schwarzer Pfeffer
- 100 g Semmelbrösel
- Butterschmalz zum Ausbacken
- Außerdem: Tomaten und ein Petersiliensträußchen

## ZUBEREITUNG

- Den gewaschenen Reis, das Salz und 1/4 Liter Wasser in einen Topf geben, zum Kochen bringen und anschließend 20 Minuten bei geringer Hitze köcheln lassen.
- Den gegarten Reis in eine Schüssel füllen.
- Das Kaninchenfleisch und den Speck in kleine Würfel schneiden.
- Die geräucherte Entenbrust häuten und ebenfalls in kleine Würfel schneiden.
- Kaninchenfleisch, Speck und Entenbrust mit den Eiern, der Speisestärke, Salz und Pfeffer zum Reis geben und alles gut vermischen.
- Aus dem Teig Röllchen formen und in Semmelbröseln wenden.
- In einer Pfanne reichlich Butterschmalz erhitzen und die Röllchen darin ringsum knusprig braten.
- Die Röllchen auf Tellern anrichten und mit Tomatenschnitzen und etwas Petersilie garnieren.

## BEILAGEN

Roggenbrotscheiben

# Gefüllte Zwiebeln

## ZUTATEN

- 4 Gemüsezwiebeln (à 200 g)
- 200 g Kaninchenfleisch ohne Knochen
- 50 g Kaninchenleber
- 125 g durchwachsener Speck
- 2 Knoblauchzehen
- Salz
- frisch gemahlener schwarzer Pfeffer
- 1 Ei
- 2 EL Semmelbrösel
- 4 dünne Scheiben Räucherspeck
- 30 g Butterschmalz
- 100 ml trockener Weißwein
- 50 ml Fleischbrühe

## ZUBEREITUNG

- Die Zwiebeln schälen und in Salzwasser 10 Minuten garen.
- Herausnehmen, etwas auskühlen lassen, einen Deckel abschneiden und die Zwiebeln mit einem Löffel etwas aushöhlen.
- Das Ausgehöhlte fein zerkleinern und in eine Schüssel geben.
- Das Kaninchenfleisch und die Kaninchenleber mit dem Speck durch den Fleischwolf drehen und zu den zerkleinerten Zwiebeln geben.
- Die Knoblauchzehen schälen und fein hacken.
- Zusammen mit Salz, Pfeffer, Ei und Semmelbröseln zum Fleisch geben und alles gut vermischen.
- Mit dieser Masse die Zwiebeln füllen, den Deckel aufsetzen und jeweils eine Speckscheibe darüber legen.
- Eine feuerfeste Form mit Butterschmalz einfetten, die Zwiebeln hineinsetzen und im vorgeheizten Backofen bei 200 °C (Umluft 180 °C) etwa 10 Minuten garen.
- Weißwein und Fleischbrühe angießen und noch weitere 10 Minuten garen, dann herausnehmen und auf Tellern anrichten.

## BEILAGEN

Baguette, Roggenbrötchen,
Speckbrötchen (Rezept S. 173)
oder Kräuterhörnchen (Rezept S. 174)

# Gefüllte Paprika

## ZUTATEN

- je 2 große rote, gelbe und grüne Paprikaschoten
- 2 EL Olivenöl
- 125 g durchwachsener Speck
- 300 g gegartes Kaninchenfleisch
- 100 g schwarze, entkernte Oliven
- 2 Knoblauchzehen
- 1 EL gehackter Oregano
- Salz
- frisch gemahlener schwarzer Pfeffer
- 3 Tomaten
- 2 EL Crème fraîche

## ZUBEREITUNG

- Die Paprika waschen und halbieren, dabei die Kerne und die weißen Trennwände herausnehmen.
- Ein Backblech mit Öl einfetten, die halben Paprikaschoten mit der Öffnung nach unten darauflegen und im vorgeheizten Backofen bei 200 °C (Umluft 180 °C) etwa 15 Minuten backen. Dabei darauf achten, dass die Oberfläche nicht zu dunkel wird.
- Die Paprikaschoten herausnehmen, etwas auskühlen lassen und dann die Haut abziehen.
- Den Speck in kleine Würfel schneiden, in einer Pfanne kross anbraten und vom Herd nehmen.
- Das Fleisch in kleine Würfel schneiden.
- Die Oliven in dünne Scheiben schneiden und die Knoblauchzehen schälen und fein hacken.
- Fleisch, Oliven, Knoblauch, Oregano, Salz und Pfeffer mit den Speckwürfeln und dem Speckfett vermischen und die Paprikahälften damit füllen.
- Die Tomaten waschen und in Scheiben schneiden.
- Jeweils eine Tomatenscheibe auf die gefüllten Paprikahälften geben, einen Klecks Crème fraîche darauf setzen und servieren.

## BEILAGEN

Speckbrötchen (Rezept S. 173), Zwiebelbrötchen (Rezept S. 176) oder Kräuterbrot (Rezept S. 171)

# Gefüllte Tomaten

## ZUTATEN

- 6 große Tomaten
- 400 g gegartes Kaninchenfleisch
- 200 g gegarte Champignons
- je 1 gelbe und 1 grüne Paprikaschote
- 30 g Butterschmalz
- Salz
- frisch gemahlener schwarzer Pfeffer
- 4 EL Sherry
- 100 ml Schlagsahne
- 1 Eigelb
- 2 EL geröstete Kürbiskerne

## ZUBEREITUNG

- Die Tomaten waschen, halbieren und mit einem Löffel etwas aushöhlen.
- Das Fleisch in feine Streifen schneiden.
- Die Champignons in Scheiben schneiden.
- Die Paprika waschen, putzen und in Streifen schneiden.
- In einer Pfanne das Butterschmalz erhitzen, die Paprikastreifen, Fleisch und Champignons hineingeben und kurz scharf anbraten.
- Mit Salz und Pfeffer würzen, den Sherry hinzugeben und alles 10 Minuten garen.
- Die Schlagsahne mit dem Eigelb verquirlen und unter das Fleisch und Gemüse rühren.
- Die Tomatenhälften damit füllen und die gerösteten Kürbiskerne darüber streuen.

## BEILAGEN

Speckbrötchen (Rezept S. 173), Baguette oder Roggenbrotscheiben

# Gefüllte Birnen

## ZUTATEN

- 4 große Birnen
- Saft von einer Zitrone
- 250 g gegartes Kaninchenfleisch (evtl. Bratenreste)
- 1 EL scharfer Senf
- 2 EL Mayonnaise
- Salz
- 2 EL Johannisbeergelee
- 1 – 2 EL Crème fraîche

## ZUBEREITUNG

- Die Birnen schälen, halbieren, das Kerngehäuse herausschneiden und mit einem Löffel etwas aushöhlen.
- Die Birnenhälften gut mit Zitronensaft marinieren, damit sie sich nicht braun färben.
- Das Fleisch in kleine Würfel oder Streifen schneiden und mit Senf, Mayonnaise, Salz und Johannisbeergelee vermischen.
- Die Birnenhälften damit füllen.
- Obenauf einen Klecks Crème fraîche setzen und servieren.

## TIPP

Anstelle von Birnen können auch Äpfel verwendet werden.

## BEILAGEN

Kräuterhörnchen (Rezept S. 174) oder getoastetes, gebuttertes Kräuterbrot (Rezept S. 171) oder Baguette

# Gefüllte Pfirsiche

## ZUTATEN

- 5 Pfirsiche
- 1 Apfel
- 250 g gegartes Kaninchenfleisch (evtl. Bratenreste)
- Salz
- 1 kräftige Prise Zucker
- 2 EL Kognak oder Weinbrand
- 2 EL Mayonnaise
- 2 EL saure Sahne
- frische Salatblätter (z. B. Eisbergsalat)
- 8 Walnusshälften

## ZUBEREITUNG

- 4 Pfirsiche enthäuten, halbieren und entsteinen.
- Den restlichen Pfirsich enthäuten und zusammen mit dem ungeschälten Apfel in kleine Würfel schneiden.
- Das Fleisch ebenfalls in kleine Würfel schneiden.
- Pfirsich- und Apfelwürfel zum Fleisch geben und mit Salz, Zucker, Kognak oder Weinbrand, Mayonnaise und saurer Sahne vermischen.
- Den Salat auf die Pfirsichhälften verteilen, auf Salatblättern anrichten und mit je 2 Walnusshälften verzieren.

## TIPP

Pfirsiche enthäuten: Die Pfirsiche am Stielende kreuzweise einschneiden, 15 Sekunden in kochendes Wasser legen, kurz mit kaltem Wasser abschrecken und häuten.

## BEILAGEN

Toastbrotscheiben

# Kaninchenleber auf Kräuterbrot

## ZUTATEN

- 500 g Kaninchenleber
- 2 Schalotten
- 1 Bund Schnittlauch
- 3 EL gehackte Petersilie
- 50 g Butterschmalz
- 1/4 l Rotwein
- frisch gemahlener schwarzer Pfeffer
- Salz
- 1 Messerspitze abgeriebene Muskatnuss
- 4 Scheiben getoastetes Kräuterbrot oder Weißbrot
- Tomatenscheiben und Petersilie zum Garnieren

## ZUBEREITUNG

- Die Kaninchenleber waschen und in Streifen schneiden.
- Die Schalotten schälen und fein hacken.
- Den Schnittlauch waschen, abtropfen lassen und in kleine Ringe schneiden.
- In einer Pfanne das Butterschmalz erhitzen, die Schalotten und die Kräuter hineingeben und 2 – 3 Minuten andünsten.
- Kaninchenleberstreifen dazugeben und Rotwein angießen.
- Alles erhitzen und etwa 10 Minuten köcheln lassen.
- Mit Salz, Pfeffer und Muskat abschmecken.
- Auf den getoasteten Brotscheiben anordnen und mit Tomatenscheiben und Petersiliensträußchen garnieren.

# Kaninchenleberaufstrich

## ZUTATEN

- 400 g Kaninchenleber
- 4 Schalotten
- 100 g Butter
- 3 EL gehackte Kräuter (Petersilie, Estragon, Schnittlauch)
- 4 Scheiben getoastetes Kräuterbrot Baguette oder Weißbrot
- frisch gemahlener schwarzer Pfeffer
- Salz
- Tomatenscheiben zum Garnieren

## ZUBEREITUNG

- Die Kaninchenleber waschen.
- Die Schalotten schälen und in feine Ringe schneiden.
- In einer Pfanne die Hälfte der Butter zerlassen, die Schalotten und die Kaninchenleber hineingeben und 10 Minuten dünsten.
- Das Ganze im Mixer pürieren, die restliche Butter einrühren, mit Salz und Pfeffer abschmecken und mit den gehackten Kräutern vermischen.
- Auf getoastetem Kräuterbrot anrichten und mit Tomatenscheiben garnieren.

# Kaninchenterrine

## ZUTATEN

- 1 küchenfertiges Kaninchen
- Salz
- frisch gemahlener weißer Pfeffer
- 1/8 l Kognak oder Weinbrand
- 250 g Kalbfleisch
- 100 g Kaninchenleber
- 1 Brötchen
- 1/4 l Milch
- 100 g Champignons
- 150 g gekochter Schinken
- 3 Schalotten
- 2 Knoblauchzehen
- 1 Ei
- 1 Messerspitze abgeriebene Muskatnuss
- 12 dünne Scheiben durchwachsener Speck (300 g)
- 2 Lorbeerblätter

## ZUBEREITUNG

- Das Kaninchen häuten, waschen und trocken tupfen.
- Mit einem scharfen Messer Filets herausschneiden, mit Salz und Pfeffer würzen und in eine Schüssel legen.
- Den Kognak oder Weinbrand über das Fleisch gießen und zugedeckt 2 Stunden kühl stellen.
- Dann das restliche Fleisch von den Knochen lösen und fein schneiden.
- Das Kalbfleisch und die Kaninchenleber durch den Fleischwolf drehen.
- Das Brötchen in der Milch einweichen.
- Die Champignons in Scheiben, den Schinken in Würfel schneiden.
- Die Schalotten und die Knoblauchzehen schälen und fein hacken und mit dem ausgedrückten Brötchen, dem Ei, dem restlichen, zerkleinerten Kaninchenfleisch, der Kaninchenleber, dem Kalbfleisch, Champignons, Schinken, Salz, Pfeffer und Muskat vermengen.

# Kaninchenterrine

- Eine feuerfeste Form mit 4 Speckscheiben auslegen, die Hälfte der Fleischmasse darauf geben und mit 4 Speckscheiben belegen.
- Die Filets aus der Marinade nehmen, trocken tupfen, auf die Speckscheiben geben und mit der bereits angerichteten Farce bedecken.
- Die restlichen Speckscheiben und die Lorbeerblätter obenauf geben und die Form schließen.
- Die Fettpfanne des Backofens mit heißem Wasser füllen, die Form hineinstellen und bei 200 °C (Umluft 180 °C) 1 1/2 Stunden garen.
- Herausnehmen, auskühlen lassen, in Scheiben schneiden und auf Tellern anrichten.

## BEILAGEN

Getoastetes Kräuterbrot (Rezept S. 171)
oder Toastbrot

# Suppen & Eintöpfe

# Kaninchensuppe mit Kräutern

## ZUTATEN

- 1 Kaninchenkeule
- Salz
- frisch gemahlener weißer Pfeffer
- 1 Zwiebel
- 2 Möhren
- 125 g durchwachsener Speck
- 2 EL Sonnenblumenöl
- 400 g Kartoffeln
- 100 ml Schlagsahne
- gehackte Kräuter (Petersilie, Schnittlauch, Dill)

## ZUBEREITUNG

- Die Keule waschen, trocken tupfen, mit Salz und Pfeffer einreiben und in einen Topf legen.
- Die Zwiebeln und die Möhren putzen, grob zerkleinern und zum Fleisch geben.
- 1/4 Liter Wasser angießen.
- Alles zum Kochen bringen und bei mäßiger Hitze 1 Stunde garen, dabei den Schaum auf der Brühe hin und wieder abschöpfen.
- Das Fleisch herausnehmen und warm stellen.
- Die Brühe durch ein Sieb gießen.
- Den Speck in kleine Würfel schneiden.
- In einem Topf das Öl erhitzen und den Speck darin anbraten.
- Die Kartoffeln schälen, waschen, in Würfel schneiden und 10 Minuten im Topf mit dem Speck durchschwitzen lassen.
- Die Brühe zugießen, zum Kochen bringen und alles weitere 5 Minuten köcheln lassen.
- Die Sahne einrühren, mit Salz und Pfeffer abschmecken und das in kleine Würfel geschnittene Fleisch hineingeben.
- Zuletzt die Kräuter darüber streuen, auf vorgewärmte Teller geben und sofort zu Tisch bringen.

## BEILAGEN

Roggenbrotscheiben oder Speckbrötchen (Rezept S. 173)

# Pikante Kaninchensuppe

## ZUTATEN

- 1 küchenfertiges Kaninchen (etwa 1,5 kg)
- 2 Zwiebeln
- 1 Lorbeerblatt
- 8 Wacholderbeeren
- 1/2 TL Majoran
- Salz
- 6 Möhren
- 2 EL Tomatenmark
- frischer gemahlener schwarzer Pfeffer
- Paprikagewürz
- 100 ml Rotwein
- 1/8 l saure Sahne

## ZUBEREITUNG

- Das Kaninchen waschen, trocken tupfen und in portionsgerechte Stücke teilen.
- Die Zwiebeln schälen und grob zerkleinern.
- Das Fleisch und die Zwiebel in einen Topf legen und 1 Liter Wasser angießen.
- Lorbeerblatt, zerdrückte Wacholderbeeren, Majoran und Salz zufügen, alles zum Kochen bringen und 1 Stunde leise köcheln lassen.
- Das Fleisch herausnehmen, von den Knochen befreien und durch den Fleischwolf drehen.
- Die Brühe durch ein Sieb gießen.
- Die Möhren putzen und reiben und zusammen mit dem durchgedrehten Fleisch und dem Tomatenmark in die Brühe einrühren, mit Salz, Pfeffer und Paprika würzen und 10 Minuten köcheln lassen.
- Rotwein und saure Sahne einrühren und noch etwas erhitzen, aber nicht kochen lassen und alle sheiß servieren.

## BEILAGEN

Speckbrötchen (Rezept S. 173),
Zwiebelbrötchen (Rezept S. 176),
Weißbrot- oder Roggenbrotscheiben

# Kaninchensuppe mit Rotwein

## ZUTATEN

- 1 küchenfertiges Kaninchen (etwa 1,5 kg)
- 2 Zwiebeln
- 2 Möhren
- 50 g Sellerieknolle
- 40 g Butterschmalz
- Salz
- frisch gemahlener schwarzer Pfeffer
- 5 EL Tomatenmark
- 2 Nelken
- 1 Lorbeerblatt
- 2 EL Mehl
- 1/2 l Fleischbrühe
- 1/8 l Rotwein
- 2 EL gehackte Kräuter (Petersilie, Schnittlauch, Estragon, Basilikum)

## ZUBEREITUNG

- Das Kaninchen waschen, trocken tupfen und in 8 Stücke teilen.
- Die Zwiebeln schälen und fein hacken.
- Die Möhren und den Sellerie putzen, waschen und klein schneiden.
- In einem Topf das Butterschmalz erhitzen, das Fleisch hineingeben und ringsum scharf anbraten.
- Das Gemüse zufügen und 5 Minuten mitbraten.
- Salz, Pfeffer, Paprika, Tomatenmark, Nelken und Lorbeerblatt zugeben, Mehl darüber stäuben und die Fleischbrühe angießen.
- Alles zum Kochen bringen und 45 Minuten bei mäßiger Hitze köcheln lassen.
- Die Kaninchenteile herausnehmen, das Fleisch von den Knochen lösen und in mundgerechte Stücke schneiden.
- Die Suppe durch ein Sieb gießen, den Rotwein zufügen und mit Salz und Pfeffer abschmecken.
- Die Fleischstücke hineingeben und alles erhitzen.
- Mit Kräutern bestreut servieren.

## BEILAGEN

Baguette, Kräuterbrot- (Rezept S. 171) oder Weißbrotscheiben

# Kaninchensuppe mit Champignons

## ZUTATEN

- 1 küchenfertiges Kaninchen (etwa 1,5 kg)
- 2 Zwiebeln
- 1 Stange Lauch
- 1 Sellerieknolle
- 1 Petersilienwurzel
- 150 g durchwachsener Speck
- 30 g Butterschmalz
- 2 Gewürznelken
- 4 Pfefferkörner
- Salz
- 500 g gegarte Champignons
- 1/4 l Rotwein
- 2 EL Mehl

## ZUBEREITUNG

- Das Kaninchen waschen, trocken tupfen und in 8 Stücke teilen.
- Die Zwiebeln schälen und in Ringe schneiden.
- Lauch, Sellerieknolle und Petersilienwurzel putzen, waschen und grob zerkleinern.
- Den Speck in kleine Würfel schneiden.
- In einer Pfanne das Butterschmalz erhitzen, den Speck hineingeben und kross anbraten.
- Das Fleisch zugeben und ringsum anbraten.
- Das Gemüse, Nelken, Pfefferkörner, Salz und 1 1/4 Liter Wasser zufügen.
- Alles zum Kochen bringen und eine knappe Stunde bei mäßiger Hitze köcheln lassen.
- Die Kaninchenteile herausnehmen, das Fleisch von den Knochen lösen und in mundgerechte Stücke schneiden.
- Die Champignons in Scheiben schneiden und mit den Fleischstücken und dem Rotwein zur Suppe geben.
- Das Mehl in wenig Wasser glatt rühren und die Suppe damit binden, anschließend mit Salz und Pfeffer abschmecken.

## BEILAGEN

Baguette oder Weißbrot

# Kaninchensuppe mit Reibekäse

## ZUTATEN

- 1 küchenfertiges Kaninchen
- 2 Zwiebeln
- 2 Möhren
- 1 Stange Porree
- 50 g Sellerieknolle
- 4 EL Olivenöl
- 2 EL Mehl
- 1 Lorbeerblatt
- 1 Thymianzweig
- Salz
- 6 Pfefferkörner
- 4 EL Schlagsahne
- 3 EL Kognak oder Weinbrand
- 4 EL Reibekäse

## ZUBEREITUNG

- Das Kaninchen waschen, trocken tupfen und in 8 Stücke teilen.
- Die Zwiebeln schälen und grob zerkleinern.
- Möhren, Porree und Sellerieknolle putzen, waschen und in kleine Würfel schneiden.
- In einem Topf das Öl erhitzen und die Kaninchenteile darin ringsum anbraten.
- Das Gemüse zufügen und 5 Minuten mitdünsten, dann Mehl darüber stäuben.
- $1\frac{1}{4}$ Liter Wasser angießen, Lorbeerblatt, Thymianzweig, Salz und Pfefferkörner zugeben und zum Kochen bringen und zugedeckt eine knappe Stunde köcheln lassen.
- Die Fleischstücke, das Lorbeerblatt und den Thymianzweig herausnehmen.
- Das Fleisch von den Knochen lösen, das Fleisch in mundgerechte Stücke schneiden und wieder in die Suppe geben.
- Sahne und Kognak oder Weinbrand einrühren.
- Die Suppe in vorgewärmte Teller füllen und jeweils 1 Esslöffel Reibekäse darüber streuen.

## BEILAGEN

Weißbrot- oder Roggenbrotscheiben oder Baguette

# Kaninchensuppe mit Preiselbeeren

## ZUTATEN

- 1 küchenfertiges Kaninchen (etwa 1,5 kg)
- 2 – 3 EL scharfer Senf
- Salz
- frisch gemahlener schwarzer Pfeffer
- 50 g Butterschmalz
- 2 EL Mehl
- 6 EL Preiselbeerkonfitüre
- 1 1/4 l Fleischbrühe

## ZUBEREITUNG

- Das Kaninchen waschen, trocken tupfen, in 8 Stücke teilen, mit Senf einreiben und mit Salz und Pfeffer würzen.
- In einer Kasserolle das Butterschmalz erhitzen, das Fleisch hineingeben und ringsum anbraten.
- Das Mehl darüber stäuben, die Preiselbeerkonfitüre einrühren und die Fleischbrühe angießen.
- Zugedeckt 1 Stunde köcheln lassen.
- Die Fleischstücke herausnehmen und die Knochen entfernen.
- Das Fleisch in mundgerechte Stücke schneiden und wieder zur Suppe geben.
- Den Rotwein zufügen und mit Salz und Pfeffer abschmecken.

## BEILAGEN

Speckbrötchen (Rezept S. 173),
Kräuterhörnchen (Rezept S. 174),
Baguette oder Kräuterbrot (Rezept S. 171)

# Kaninchensuppe mit Haube

## ZUTATEN

- 20 g getrocknete Steinpilze
- 200 g Blätterteig (tiefgekühlt)
- 1 küchenfertiges Kaninchen
- 125 g durchwachsener Speck
- 1 Zwiebel
- 1 Stange Lauch
- 1 Möhre
- 50 g Sellerieknolle
- 20 g Butterschmalz
- 1 Petersilienwurzel
- 1 Lorbeerblatt
- 1 Thymianzweig
- 4 Wacholderbeeren
- Salz
- frisch gemahlener schwarzer Pfeffer
- 1/4 l Rotwein
- 1 EL Mehl
- 1 EL Butter
- 4 EL Madeira
- 1 Ei

## ZUBEREITUNG

- Die Pilze in Wasser einweichen.
- Den Blätterteig nach Anweisung auf der Packung auftauen.
- Das Kaninchen waschen, trocken tupfen und in Stücke teilen.
- Den Speck in kleine Würfel schneiden.
- Das Gemüse putzen, waschen und zerkleinern.
- In einem Topf das Butterschmalz erhitzen, die Speckwürfel hineingeben und anbraten.
- Die Fleischstücke zugeben und 5 Minuten schmoren lassen.
- Das zerkleinerte Gemüse, die Pilze mit der Flüssigkeit, Lorbeerblatt, Thymianzweig, zerdrückte Wacholderbeeren, Salz, Pfeffer, Rotwein und 1 Liter Wasser zufügen.
- Alles zum Kochen bringen und bei mäßiger Hitze 45 Minuten köcheln lassen.
- Die Fleischstücke, das Lorbeerblatt und den Thymianzweig herausnehmen.
- Das Fleisch von den Knochen lösen, in mundgerechte Stücke schneiden und wieder zur Suppe geben.

# Kaninchensuppe mit Haube

- Das Mehl mit der Butter vermengen, in die Suppe geben, verrühren, kurz aufkochen lassen und mit Madeira abschmecken.
- Die Suppe in feuerfeste Tassen füllen.
- Den Tassenrand mit Eiweiß bestreichen.
- Blätterteig 3–4 mm dick ausrollen, Kreise ausstechen und die Tassen damit belegen, dabei die Teigränder gut andrücken.
- Aus Teigresten beliebige Verzierungen (Rosetten oder Gitter) formen und auf die Teigplatte legen.
- Den Blätterteig mit Eigelb bestreichen und die Suppe mit Haube im vorgeheizten Backofen bei 200 °C (Umluft 180 °C) 10 Minuten bei Oberhitze überbacken.

## BEILAGEN

Getoastete, gebutterte Toastbrotscheiben

# Kaninchentopf mit Preiselbeeren

## ZUTATEN

- 1 küchenfertiges Kaninchen (etwa 1,7 kg)
- Salz
- frisch gemahlener schwarzer Pfeffer
- 40 g Butterschmalz
- 4 Schalotten
- 2 EL Mehl
- $1\,^1/_2$ l Fleischbrühe
- 1 EL mittelscharfer Senf
- 4 EL Preiselbeerkompott
- $^1/_8$ l roter Portwein

## ZUBEREITUNG

- Das Kaninchen waschen, trocken tupfen, in kleine Stücke teilen und mit Salz und Pfeffer einreiben.
- In einer Kasserolle das Butterschmalz erhitzen und die Fleischstücke darin ringsum anbraten.
- Die Schalotten schälen, in Viertel schneiden und zum Fleisch geben.
- Das Mehl darüber stäuben und die Brühe zugießen.
- Erhitzen und 1 Stunde bei mäßiger Hitze köcheln lassen.
- Das Fleisch herausnehmen, von den Knochen lösen und in mundgerechte Stücke schneiden.
- Die Suppe mit Senf, Salz, Preiselbeerkompott und Portwein würzen.
- Das Fleisch hineingeben, alles kurz erhitzen und in vorgewärmte Teller füllen.

## BEILAGEN

Speckbrötchen (Rezept S. 173) oder
gebutterte Kräuterbrotscheiben (Rezept S. 171)

# Kaninchentopf mit Kartoffeln

## ZUTATEN

- 1 küchenfertiges Kaninchen (etwa 1,5 kg)
- Salz
- frisch gemahlener schwarzer Pfeffer
- 125 g durchwachsener Speck
- 3 Zwiebeln
- 2 Knoblauchzehen
- 200 g frische Waldpilze
- 30 g Butterschmalz
- je 1 EL gehackte Petersilie, Thymian, Dill
- 3/4 l Fleischbrühe
- 1/4 l Weißwein (Riesling)
- 4 fest kochende Kartoffeln (300 g)

Außerdem:

- gehackte Petersilie zum Bestreuen

## ZUBEREITUNG

- Das Kaninchen waschen, trocken tupfen, in 6 bis 8 Stücke teilen und mit Salz und Pfeffer würzen.
- Den Speck in kleine Würfel schneiden.
- Die Zwiebeln und die Knoblauchzehen schälen und fein hacken.
- Die Pilze putzen und klein schneiden.
- In einem Bräter das Butterschmalz erhitzen, das Fleisch hineingeben und ringsum anbraten.
- Speck, Zwiebeln, Pilze, Knoblauch und Kräuter zugeben und 5 Minuten mitbraten und mit Salz und Pfeffer würzen.
- Fleischbrühe und Wein angießen und zugedeckt 30 Minuten köcheln lassen.
- Inzwischen die Kartoffeln schälen, waschen und in Stücke schneiden, dann zum Fleisch geben und alles noch weitere 20 Minuten köcheln lassen und abschmecken.
- Mit Petersilie bestreut servieren.

## BEILAGEN

Eventuell Roggenbrotscheiben

# Kaninchentopf mit Pfefferschote

## ZUTATEN

- 1 küchenfertiges Kaninchen
- 2 Zwiebeln
- 2 Knoblauchzehen
- 50 g Schweineschmalz
- 1/2 TL gemahlener Kümmel
- 1 TL Majoran
- 1/2 TL scharfer Paprika
- Salz
- 1 1/4 l Fleischbrühe
- 4 Tomaten
- 1 grüne und 1 gelbe Paprikaschote
- 1 Pfefferschote
- 4 Kartoffeln
- 30 g eiskalte Butter

## ZUBEREITUNG

- Das Kaninchen waschen, trocken tupfen und in 8 Stücke teilen.
- Die Zwiebeln und die Knoblauchzehen schälen und fein hacken.
- In einem Topf das Schmalz erhitzen, die Zwiebeln hineingeben und anschwitzen.
- Die Fleischstücke zugeben und 10 Minuten schmoren, dabei gelegentlich wenden.
- Kümmel, Majoran, Paprika, Salz, Pfefferkörner und die gehackten Knoblauchzehen zufügen und die Fleischbrühe angießen.
- Erhitzen und 25 Minuten köcheln lassen.
- Inzwischen die Tomaten überbrühen, häuten und in Würfel schneiden.
- Die Paprika- und die Pfefferschote putzen, waschen und zerkleinern.
- Die Kartoffeln schälen, waschen und in Würfel schneiden.
- Das Gemüse in die Suppe geben und alles weitere 15 Minuten garen.
- Das Fleisch herausnehmen, von den Knochen lösen, in mundgerechte Stücke schneiden und wieder zur Suppe geben.
- Eiskalte Butter einrühren und servieren.

## BEILAGEN

Roggenbrotscheiben oder Roggenbrötchen

# Kaninchen-Sauerkraut-Topf

## ZUTATEN

- 500 g Kaninchenfleisch ohne Knochen
- Salz
- frisch gemahlener schwarzer Pfeffer
- 2 Schalotten
- 125 g durchwachsener Speck
- 20 g Butterschmalz
- 500 g Sauerkraut
- 1/4 l trockener Weißwein
- reichlich 1/2 l Fleischbrühe
- 500 g Kartoffeln
- 4 EL Schlagsahne

## ZUBEREITUNG

- Das Kaninchenfleisch waschen, trocken tupfen, in mundgerechte Stücke schneiden und mit Salz und Pfeffer würzen.
- Die Schalotten schälen und in feine Scheiben schneiden.
- Den Speck in kleine Würfel schneiden.
- In einer Pfanne das Butterschmalz erhitzen und die Speckwürfel darin kross anbraten.
- Das Fleisch hineingeben und ringsum anbraten, dann vom Herd nehmen.
- Das Sauerkraut mit dem Weißwein und den Schalotten zum Kochen bringen, Fleisch- und Speckwürfel hineingeben und alles 30 Minuten garen.
- Inzwischen die Kartoffeln schälen, waschen und in Stücke schneiden.
- Mit der Fleischbrühe zum Kraut geben und 15 Minuten mitgaren, Schlagsahne einrühren und mit Salz und Pfeffer abschmecken.

## BEILAGEN

Sauerkrautbrot (Rezept S. 172),
Speckbrötchen (Rezept S. 173),
Baguette oder Roggenbrotscheiben

# Kaninchensuppe mit Champignons auf andere Art

## ZUTATEN

- 250 g Kaninchenfleisch ohne Knochen
- 200 g Champignons
- 30 g Butter
- 1 EL gehackte Petersilie
- Salz
- frisch gemahlener schwarzer Pfeffer
- 1 l Fleischbrühe
- 2 Eigelb
- 100 ml Schlagsahne

## ZUBEREITUNG

- Das Kaninchenfleisch durch den Fleischwolf drehen.
- Die Champignons säubern und klein schneiden.
- In einer Pfanne die Butter erhitzen, die Champignons hineingeben und 10 Minuten braten.
- Mit Salz und Pfeffer würzen und zuletzt die gehackte Petersilie dazugeben.
- Warm stellen.
- In einem Topf die Brühe erhitzen, das durchgedrehte Fleisch hineingeben, verrühren und kurz aufkochen lassen.
- Mit Salz und Pfeffer würzen, dann vom Herd nehmen und Eigelb und Sahne einrühren.
- Die Suppe in vorgewärmte Teller füllen und in die Mitte jeweils Champignons geben.

## BEILAGEN

Getoastete, gebutterte Toastbrotscheiben

# Kaninchensuppe mit Tomaten

## ZUTATEN

- 1 küchenfertiges Kaninchen (etwa 1,5 kg)
- Salz
- frisch gemahlener schwarzer Pfeffer
- 2 Zwiebeln
- 30 g Butterschmalz
- 1 1/2 l Fleischbrühe
- 3 Möhren
- 100 g Sellerieknolle
- 8 Tomaten
- 6 Wacholderbeeren
- 1 Messerspitze abgeriebene Muskatnuss
- 4 EL Sherry
- 100 ml Schlagsahne

## ZUBEREITUNG

- Das Kaninchen waschen, trocken tupfen, in portionsgerechte Stücke teilen und mit Salz und Pfeffer einreiben.
- Die Zwiebeln schälen und fein hacken.
- In einem Topf das Butterschmalz erhitzen, die Fleischstücke und die Zwiebeln hineingeben und scharf anbraten.
- Fleischbrühe zugießen, alles zum Kochen bringen und 1 Stunde bei mäßiger Hitze köcheln lassen.
- Das Fleisch vom Knochen lösen und in mundgerechte Stücke schneiden.
- Die Möhren und den Sellerie putzen, waschen und fein reiben.
- Die Tomaten häuten und in kleine Würfel schneiden.
- Möhren, Sellerie, Tomaten und zerdrückte Wacholderbeeren in die Suppe geben, erhitzen und 10 Minuten köcheln lassen.
- Durch ein Sieb streichen und mit Salz, Pfeffer und Muskat würzen.
- Sherry und Sahne einrühren, die Fleischstücke hineingeben und alles noch einmal erhitzen, aber nicht mehr aufkochen lassen.

## BEILAGEN

Getoastete, gebutterte Toast- oder Kräuterbrotscheiben (Rezept S. 171)

# Fleischbrühe

## ZUTATEN

- 750 g Kaninchenknochen
- 1 Zwiebel
- 5 Möhren
- 1 Petersilienwurzel
- 1 Stück Sellerieknolle
- 3 EL Sonnenblumenöl
- 2 Lorbeerblätter
- 1 Gewürznelke
- 8 Gewürzkörner
- 6 Pfefferkörner
- Salz
- 1/4 l Weißwein (Riesling)
- 300 g Kaninchenfleisch ohne Knochen
- 3 Eiweiß
- frisch gemahlener weißer Pfeffer
- Knoblauchzehe

## ZUBEREITUNG

- Die Knochen abspülen und abtropfen lassen.
- Die Zwiebel schälen und grob zerkleinern.
- Eine Möhre, Petersilienwurzel und Sellerieknolle putzen, waschen und ebenfalls grob zerkleinern.
- In einem Topf das Öl erhitzen, die Knochen hineingeben und kurz anbraten.
- Das Gemüse, Lorbeerblätter, die Gewürznelke und die zerdrückten Gewürz- und Pfefferkörner zufügen.
- 1 1/2 Liter Wasser, den Weißwein und Salz zugeben, erhitzen und danach 1 Stunde bei mäßiger Hitze köcheln lassen.
- Vom Herd nehmen, passieren und auskühlen lassen.
- Das Fleisch durch den Fleischwolf drehen.
- Die restlichen Möhren putzen, waschen und fein reiben.
- Fleisch und Möhren mit dem Eiweiß vermischen, salzen und in den ausgekühlten Fond einrühren.
- Unter Rühren zum Kochen bringen, fünf Minuten sprudelnd kochen lassen, dann bei geringer Hitze 30 Minuten ziehen lassen.
- Durch ein feines Baumwolltuch passieren.
- Die Brühe erhitzen und etwas einkochen lassen, dann mit Salz und Pfeffer abschmecken.

## BEILAGEN

Alle Arten von Brot

# Hauptgerichte

# Kaninchenleber

## ZUTATEN

- 500 g Kaninchenleber
- 5 Zwiebeln (400 g)
- 60 g Butterschmalz
- Salz
- frisch gemahlener schwarzer Pfeffer
- 6 EL Weißwein
- 2 EL gehackte Petersilie

## ZUBEREITUNG

- Von der Kaninchenleber die Haut entfernen.
- Die Leber in dünne Scheiben schneiden.
- Die Zwiebeln schälen und in Scheiben schneiden.
- In einer Pfanne das Butterschmalz erhitzen, die Fleischscheiben hineingeben und auf beiden Seiten je 3 Minuten anbraten.
- Herausnehmen, mit Salz und Pfeffer würzen und warm stellen.
- In die Pfanne die Zwiebelscheiben geben und glasig dünsten.
- Etwas salzen, den Weißwein angießen und alles 3 Minuten köcheln lassen.
- Die Zwiebeln auf den Leberscheiben anordnen und gehackte Petersilie darüber geben.

## BEILAGEN

Getoastetes, gebuttertes Kräuterbrot (Rezept S. 171) oder Kartoffelbrei (Rezept S. 159)

# Kaninchenbraten mit Senfsoße

## ZUTATEN

- 1 küchenfertiges Kaninchen (etwa 2 kg)
- Salz
- frisch gemahlener schwarzer Pfeffer
- 2 EL Mehl
- 2 Schalotten
- 2 Möhren
- 1 Stück Sellerie (50 g)
- 50 g Butterschmalz
- 1/4 l Fleischbrühe
- 1/8 l Weißwein (Riesling)
- 1 Lorbeerblatt
- 8 Wacholderbeeren
- 1 Nelke
- 2 EL scharfer Senf
- 4 EL Schlagsahne

## ZUBEREITUNG

- Das Kaninchen waschen, trocken tupfen, in portionsgerechte Stücke teilen, mit Salz und Pfeffer würzen und in Mehl wälzen.
- Die Schalotten schälen und in Viertel teilen.
- Die Möhren und den Sellerie putzen und in kleine Würfel schneiden.
- In einem Bräter das Butterschmalz erhitzen, das Fleisch hineingeben und ringsum anbraten.
- Schalotten, Möhren und Sellerie zugeben und einige Minuten mitbraten.
- Fleischbrühe und Weißwein zugießen, Lorbeerblatt, zerdrückte Wacholderbeeren und die Nelke zufügen und zugedeckt 50 Minuten köcheln lassen.
- Das Fleisch herausnehmen, auf einer Platte anrichten und warm stellen.
- Die Soße passieren und etwas einkochen, Senf und Sahne einrühren und über das Fleisch geben.

## BEILAGEN

Butterreis (Rezept S. 165)

# Kaninchen mit Hackfleischfüllung

## ZUTATEN

- 1 küchenfertiges Kaninchen (etwa 1,8 kg)
- Salz
- frisch gemahlener weißer Pfeffer
- 1 Lorbeerblatt
- 8 Wacholderbeeren
- 2 Flaschen trockener Weißwein

Für die Füllung:

- 1 Brötchen
- 1 Zwiebel
- 500 g Gehacktes (halb Rind, halb Schwein)
- 200 g durchwachsener Speck, in Streifen geschnitten
- 50 g Butterschmalz
- 1 EL Stärkemehl
- 2 EL Sahne

## ZUBEREITUNG

- Das Kaninchen waschen und trocken tupfen.
- Je einen halben Teelöffel Salz und Pfeffer, das Lorbeerblatt und die zerdrückten Wacholderbeeren in eine Schüssel geben, den Weißwein zugießen und das Kaninchen hineinlegen.
- Zugedeckt über Nacht durchziehen lassen.
- Das Brötchen in Wasser einweichen, die Zwiebel schälen und in kleine Würfel schneiden.
- Das Gehackte in eine Schüssel geben und mit dem ausgedrückten Brötchen, Zwiebelwürfeln, Salz und Pfeffer vermengen.
- Das Kaninchen aus der Marinade nehmen, trocken tupfen, mit der Fleischmasse füllen und Speckstreifen auflegen.

# Kaninchen mit Hackfleischfüllung

- In einem Bräter das Butterschmalz erhitzen und das Kaninchen darin anbraten.
- Durch ein Sieb etwas Marinade angießen.
- Im vorgeheizten Backofen bei 200 °C etwa 1 Stunde garen, dabei ab und zu Marinade angießen.
- Das Fleisch herausnehmen und warm stellen.
- Die Speckstreifen entfernen.
- Das Stärkemehl in wenig kaltem Wasser anrühren, die Soße damit binden und die Sahne einrühren.

## TIPP

Soll der Kaninchenbraten besonders glanzvoll sein, vermischt man zwei Esslöffel Bratensaft mit der gleichen Menge Kognak oder Weinbrand, pinselt damit das Fleisch ein und lässt es im Backofen bei 220 °C 1 – 2 Minuten antrocknen.

## BEILAGEN

Salzkartoffeln und Grünkohl (Rezept S. 166) oder Kartoffelklöße (Rezepte S. 148) und Rotkohl

# Kaninchen mit Pilzfüllung

## ZUTATEN

- 1 küchenfertiges Kaninchen (etwa 2 kg)
- Salz
- frisch gemahlener schwarzer Pfeffer
- 250 g Pfifferlinge (Konserve)
- 125 g durchwachsener Speck
- 2 Schalotten
- 70 g Butterschmalz
- 250 g gegarter Reis
- 2 EL gehackte Petersilie
- 2 Möhren
- 1 Zwiebel
- 2 Stangen Lauch
- 1/8 l Fleischbrühe
- 1/8 l Rotwein
- 2 EL Johannisbeergelee

## ZUBEREITUNG

- Das Kaninchen waschen und trocken tupfen.
- Den Bauch für die Füllung aufschneiden und das Fleisch mit Salz und Pfeffer einreiben.
- Die Pfifferlinge und den Speck klein schneiden.
- Die Schalotten schälen und in kleine Würfel schneiden.
- In einer Pfanne 20 Gramm Butterschmalz erhitzen, den Speck und die Zwiebeln darin goldgelb rösten.
- Dann die Pilze zufügen und 5 Minuten mitbraten.
- Mit dem Reis und der Petersilie vermischen.
- Mit dieser Pilz-Reis-Mischung das Kaninchen füllen und die Öffnung mit Küchengarn zunähen.
- Die Möhren putzen und waschen.
- Die Zwiebel schälen und grob zerkleinern.
- Den Lauch waschen und in Ringe schneiden.

## BEILAGEN

Knackiger Kopfsalat (Rezept S. 167)

# Kaninchen mit Pilzfüllung

- In einem Bräter das restliche Butterschmalz erhitzen, das Fleisch hineingeben und ringsum anbraten.
- Möhren, Zwiebel und Lauch zufügen und 5 Minuten mitbraten.
- Fleischbrühe und Rotwein zugießen und zugedeckt 40 Minuten garen.
- Das Fleisch herausnehmen und warm stellen.
- Die Soße passieren, Johannisbeergelee einrühren und kurz erhitzen.
- Mit Salz und Pfeffer abschmecken.
- Das Fleisch auf einer vorgewärmten Platte anrichten und die Soße angießen.

# Kaninchen mit Reisfüllung

## ZUTATEN

- 20 g getrocknete Steinpilze
- 125 g Langkornreis
- 1/4 l Fleischbrühe
- 100 g durchwachsener Speck
- 200 g Bratwurstfleisch
- 3 Schalotten
- 2 Knoblauchzehen
- 2 EL Sonnenblumenöl
- 2 EL gehackte Petersilie
- frisch gemahlener schwarzer Pfeffer
- Salz
- 1 küchenfertiges Kaninchen (etwa 2 kg)
- Gewürze
- 40 g Butterschmalz
- 1/4 l Fleischbrühe
- 1/8 l Rotwein
- 3–4 EL Preiselbeermarmelade

## ZUBEREITUNG

- Die Pilze in wenig Wasser einweichen und klein schneiden.
- Den gewaschenen Reis mit der Brühe in einen Topf geben, aufkochen lassen und bei geringer Hitze 10 Minuten köcheln lassen.
- Den Speck und das Bratwurstfleisch in kleine Würfel schneiden.
- Die Schalotten und Knoblauchzehen schälen und fein hacken.
- In einer Pfanne das Öl erhitzen, die Speckwürfel darin kross anbraten, die Schalotten zugeben und hellgelb anbraten.
- Das Speckgemisch mit dem Knoblauch, der Petersilie, Salz, Pfeffer, dem Bratwurstfleisch und den zerkleinerten Pilzen mit dem Einweichwasser zum Reis geben und alles gut vermischen.
- Das Kaninchen waschen, trocken tupfen, innen und außen mit Salz und Pfeffer einreiben und mit der Reismasse füllen.
- Die Öffnung mit Küchengarn zunähen.

## BEILAGEN

Rote Zwiebeln (Rezept S. 168) oder glasierte Schalotten (Rezept S. 170)

# Kaninchen mit Reisfüllung

- Die Möhre, die Sellerieknolle und die Petersilienwurzel putzen, waschen und klein schneiden.
- Die Zwiebeln schälen und halbieren.
- In einem Bräter das Butterschmalz erhitzen, das gefüllte Kaninchen hineinlegen und rundherum scharf anbraten.
- Ringsum das zerkleinerte Gemüse – Möhre, Sellerieknolle, Petersilienwurzel und Zwiebeln – anordnen.
- Fleischbrühe und Rotwein angießen.
- Das Ganze im vorgeheizten Backofen bei 200 °C etwa 50 Minuten garen.
- Das Kaninchen herausnehmen und auf einer vorgewärmten Platte anrichten und warm stellen.
- Die Soße passieren und mit Preiselbeermarmelade verfeinern.

# Pikantes Kaninchen

## ZUTATEN

- 1 küchenfertiges Kaninchen (etwa 1,8 kg)
- 100 g Schweineleber
- 100 g Kaninchenleber
- 100 g gehäutete Entenbrust
- 150 g Gehacktes vom Schwein
- 200 g gegarte Mischpilze
- 3 Schalotten
- 100 g Semmelbrösel
- Salz
- frisch gemahlener schwarzer Pfeffer
- 50 g Butterschmalz
- 8 dünne Scheiben durchwachsener Speck
- 1 EL Mehl
- Gewürze

Für die Marinade:

- 2 Flaschen trockener Weißwein
- 6 Wacholderbeeren
- 1 TL Salz
- 1 EL gemahlener weißer Pfeffer
- 2 Lorbeerblätter

## ZUBEREITUNG

- Weißwein, zerdrückte Wacholderbeeren, Salz, Pfeffer und Lorbeerblätter in eine Schüssel geben.
- Das Kaninchen waschen und über Nacht in die Marinade legen.
- Schweine- und Kaninchenleber durch den Fleischwolf drehen, die Entenbrust in kleine Würfel schneiden und mit dem Gehackten vermischen.
- Die Pilze klein schneiden, die Schalotten schälen und fein hacken und mit den Semmelbröseln, Salz und Pfeffer zum Fleisch geben und alles gut vermischen.
- Das marinierte Kaninchen trocken tupfen und mit der Fleischmasse füllen.
- In einem Bräter das Butterschmalz erhitzen, das Kaninchen hineinlegen, anbraten und mit Speckscheiben bedecken.

## BEILAGEN

Thüringer Klöße (Rezept S. 146), Watteklöße (Rezept S. 147) oder Kartoffelpuffer (Rezept S. 155)

# Pikantes Kaninchen

- Die Marinade durch ein Sieb gießen, $^1/_2$ Liter von der Marinade zum Kaninchen geben, erhitzen und danach etwa 1 Stunde bei mäßiger Hitze köcheln lassen, dabei ab und zu etwas Marinade zugießen.
- Das Fleisch herausnehmen und auf einer vorgewärmten Platte anrichten.
- Das Mehl in wenig Wasser verrühren, die Soße damit binden und mit Salz und Pfeffer abschmecken.

# Kaninchenbraten mit Schalotten

## ZUTATEN

- 1 küchenfertiges Kaninchen (etwa 1,8 kg)
- Salz
- frisch gemahlener schwarzer Pfeffer
- 100 ml Olivenöl
- 8 Schalotten
- 6 Wacholderbeeren
- 2 Lorbeerblätter
- 1/4 l trockener Weißwein
- 1/4 l Fleischbrühe
- 30 g eiskalte Butter

## ZUBEREITUNG

- Das Kaninchen waschen, trocken tupfen, in 8 Stücke teilen, mit Salz und Pfeffer einreiben und in einen Bräter legen.
- Das Fleisch mit Olivenöl begießen und im vorgeheizten Backofen bei 200 °C (Umluft 180 °C) 35 Minuten garen.
- Dann die geschälten und halbierten Schalotten mit den zerdrückten Wacholderbeeren und den Lorbeerblättern dazugeben, Weißwein und Fleischbrühe angießen.
- Den Braten mit den Schalotten noch etwa 25 Minuten schmoren, dabei hin und wieder mit der Weinsoße begießen.
- Das Fleisch herausnehmen, auf einer vorgewärmten Platte anrichten und warm stellen.
- Die Soße passieren, etwas einkochen, mit Salz und Pfeffer abschmecken und die eiskalte Butter einrühren.

## BEILAGEN

Kartoffelklöße (Rezepte S. 148) oder
Thüringer Klöße (Rezept S. 146)

# Kaninchenbraten mit Oliven

## ZUTATEN

- 1 küchenfertiges Kaninchen (etwa 1,8 kg)
- Salz
- frisch gemahlener schwarzer Pfeffer
- 3 Knoblauchzehen
- 100 ml Olivenöl
- 2 Lorbeerblätter
- 1 TL Thymian
- knapp 1/2 l trockener Weißwein
- 200 g grüne Oliven
- 4 EL Schlagsahne
- 20 g eiskalte Butter

## ZUBEREITUNG

- Das Kaninchen waschen, trocken tupfen, in 8 Stücke teilen, mit Salz und Pfeffer einreiben.
- Die Knoblauchzehen schälen und fein hacken.
- Das Fleisch in einen Bräter legen, mit Olivenöl begießen und ringsum anbraten.
- Lorbeerblätter, Thymian und Knoblauch zugeben.
- Den Weißwein angießen und im vorgeheizten Backofen bei 200 °C 50 Minuten schmoren.
- Das Fleisch hin und wieder mit der Soße begießen.
- Die Oliven entsteinen und für die letzten 10 Minuten zum Fleisch in den Bräter geben.
- Das Fleisch herausnehmen und auf einer vorgewärmten Platte anrichten und warm stellen.
- Die Soße abschmecken, Sahne und die eiskalte Butter einrühren.

## BEILAGEN

Butterreis (Rezept S. 165) oder
Pilznudeln (Rezept S. 162)

# Kaninchenbraten in Rotwein

## ZUTATEN

- 1 küchenfertiges Kaninchen (etwa 1,8 kg)
- 1 Bund Wurzelwerk (Möhre, Sellerie, Petersilienwurzel)
- 1 Zwiebel
- je 6 Wacholderbeeren und Pfefferkörner
- 1 TL Thymian
- 1 Gewürznelke
- 1/2 Lorbeerblatt
- 1/2 l Rotwein
- 1/8 l Weinessig
- 125 g Räucherspeck
- 4 Schalotten
- 30 g Butterschmalz
- 2 EL Mehl
- 100 ml Schlagsahne
- Salz
- frisch gemahlener schwarzer Pfeffer

## ZUBEREITUNG

- Das Kaninchen waschen, trocken tupfen und in eine Schüssel legen.
- Das Wurzelwerk und die Zwiebel putzen, waschen und grob zerkleinern.
- Mit zerdrückten Wacholderbeeren, Pfefferkörnern, Thymian, Gewürznelke und Lorbeerblatt in einen Topf geben.
- 1 Liter Wasser zugießen, alles zum Kochen bringen und 10 Minuten bei geringer Hitze köcheln lassen.
- Mit Rotwein und Essig auffüllen, aufkochen und danach auskühlen lassen und über das Kaninchen gießen.
- Zugedeckt 2 Tage ziehen lassen und dabei mehrmals wenden.

## BEILAGEN

Kartoffelklöße (Rezepte S. 148), Pfannenkartoffeln (Rezept S. 154) oder Pilznudeln (Rezept S. 162)

# Kaninchenbraten in Rotwein

- Am Brattag das Kaninchen aus der Beize nehmen, trocken tupfen und in Stücke teilen.
- Die Beize durch ein Sieb gießen und beiseite stellen.
- Den Speck in kleine Würfel schneiden, die Schalotten schälen und in Viertel schneiden.
- In einem Topf das Butterschmalz zerlassen, die Kaninchenstücke hineingeben und ringsum anbraten.
- Speck und Schalotten zufügen, das Mehl darüber stäuben und $^{1}/_{4}$ Liter Rotweinbeize angießen.
- Zugedeckt etwa 45 Minuten garen, wenn nötig noch etwas Rotweinbeize zugeben.
- Die Fleischstücke herausnehmen und auf einer vorgewärmten Platte anrichten.
- Die Soße passieren, mit der Sahne verfeinern und mit Salz und Pfeffer abschmecken.

## TIPP

Eine aromatische Ergänzung sind karamellisierte Birnenhälften.

Dafür braucht man acht reife Birnenhälften, Saft von einer Zitrone zum Beträufeln und 2 Esslöffel Puderzucker zum Bestäuben.

Zuletzt gibt man noch einige Butterflöckchen auf die Birnenhälften und grillt sie einige Minuten.

# Kaninchenbraten in Buttermilch

## ZUTATEN

- 1 küchenfertiges Kaninchen (etwa 1,8 kg)
- 3 Zwiebeln
- 3 Knoblauchzehen
- 30 g Butterschmalz
- 1 Salbeizweig
- Salz
- frisch gemahlener schwarzer Pfeffer
- 2 EL Mehl
- $^1/_2$ l Buttermilch

## ZUBEREITUNG

- Das Kaninchen waschen, trocken tupfen und in Stücke teilen.
- Die Zwiebeln und die Knoblauchzehen schälen und klein hacken.
- In einem Topf das Butterschmalz erhitzen, das Fleisch hineingeben und ringsum anbraten.
- Zwiebeln, Knoblauch, Salbei, Salz und Pfeffer zufügen und alles mit Mehl bestäuben.
- Die Buttermilch angießen, zum Kochen bringen und etwa 1 Stunde köcheln lassen.
- Das Fleisch herausnehmen und auf einer vorgewärmten Platte anrichten.
- Die Soße passieren und abschmecken.

## BEILAGEN

Kartoffelklöße (Rezepte S. 148)

# Kaninchenbraten in Biersoße

## ZUTATEN

- 1 küchenfertiges Kaninchen (etwa 1,7 kg)
- Salz
- frisch gemahlener schwarzer Pfeffer
- 4 Zwiebeln
- 20 g Butter
- 2 EL Zucker
- 40 g Butterschmalz
- 1/2 TL Thymian
- 1/2 l Pils
- 3 EL gewaschene Rosinen

## ZUBEREITUNG

- Das Kaninchen waschen, trocken tupfen, in Stücke teilen und mit Salz und Pfeffer einreiben.
- Die Zwiebeln schälen und in Scheiben schneiden.
- In einer Pfanne die Butter erhitzen, Zucker zugeben und karamellisieren, die Zwiebeln zufügen und 5 Minuten braten, dann vom Herd nehmen.
- In einem Bräter das Butterschmalz erhitzen, das Fleisch hineingeben und ringsum anbraten.
- Die karamellisierten Zwiebeln, Thymian und 1/8 Liter Pils zugeben.
- Zugedeckt 1 Stunde köcheln lassen und ab und zu etwas von dem restlichen Bier angießen.
- Kurz vor Ende der Garzeit die Rosinen zugeben und etwa 5 Minuten mitköcheln lassen.
- Das Fleisch herausnehmen und die Soße mit Salz und Pfeffer abschmecken.

## BEILAGEN

Kartoffelklöße (Rezepte S. 148), karamellisierte Kartoffeln (Rezept S. 157) oder Kartoffelpuffer (Rezept S. 155)

# Gespicktes Kaninchen

## ZUTATEN

- 1 küchenfertiges Kaninchen (etwa 2 kg)
- Salz
- frisch gemahlener schwarzer Pfeffer
- 125 g Räucherspeck
- 10 Knoblauchzehen
- 2 Zwiebeln
- 4 Möhren
- 50 g Sellerieknolle
- 50 g Butterschmalz
- $^1/_2$ l Fleischbrühe
- 50 g Schwarzbrot
- 1 EL eiskalte Butter

## ZUBEREITUNG

- Das Kaninchen waschen, trocken tupfen und mit Salz und Pfeffer einreiben.
- Den Speck in Streifen schneiden.
- Die Knoblauchzehen schälen und in Stifte schneiden.
- Das Kaninchen mit dem Speck und dem Knoblauch spicken.
- Die Zwiebeln schälen und fein hacken.
- Die Möhren und den Sellerie putzen und fein schneiden.
- In einem Bräter das Butterschmalz erhitzen, das Kaninchen hineingeben und ringsum anbraten.
- Das Gemüse zufügen und einige Minuten mitbraten, dann die Fleischbrühe angießen, erhitzen und zugedeckt etwa 1 Stunde köcheln lassen.
- Das Fleisch herausnehmen und auf einer vorgewärmten Platte anrichten.
- Die Soße passieren, das Schwarzbrot zerbröseln, in den Topf geben und 2 – 3 Minuten köcheln lassen.
- Zuletzt die eiskalte Butter einrühren.

## BEILAGEN

Kartoffelklöße (Rezepte S. 148) oder
Kartoffelbrei (Rezept S. 159) und
Zwiebelgemüse (Rezept S. 169)

# Kaninchenbraten mit Tomaten

## ZUTATEN

- 1 küchenfertiges Kaninchen (etwa 2 kg)
- Salz
- frisch gemahlener schwarzer Pfeffer
- 125 g durchwachsener Speck
- 8 Schalotten
- 3 Knoblauchzehen
- 200 g frische Champignons
- 1 EL Butterschmalz
- 1 rote Paprikaschote
- 500 g Tomaten
- $^{1}/_{8}$ l Weißwein (Riesling)
- 1 EL gehackte Petersilie

## ZUBEREITUNG

- Das Kaninchen waschen, trocken tupfen, mit Salz und Pfeffer würzen und in Stücke teilen.
- Den Speck in kleine Würfel schneiden.
- Die Schalotten und Knoblauchzehen schälen.
- Den Knoblauch fein hacken, die Schalotten halbieren und die gesäuberten Champignons klein schneiden.
- In einer Kasserolle das Butterschmalz erhitzen, die Speckwürfel darin rösten, das Fleisch hineingeben und ringsum anbraten.
- Das Fleisch herausnehmen und beiseite stellen.
- In die Kasserolle die Champignons, die Knoblauchzehen und die Schalotten füllen und 10 Minuten schmoren lassen.
- Inzwischen die Paprikaschote waschen, putzen und in feine Streifen schneiden.
- Die Tomaten überbrühen, häuten und in Scheiben schneiden.
- Paprika und Tomaten zu den Champignons geben und alles noch 10 Minuten köcheln lassen.
- Jetzt das Fleisch wieder hineinlegen und den Weißwein angießen und zugedeckt 1 Stunde garen.
- Mit Petersilie bestreut servieren.

## BEILAGEN

Kräuterbrot (Rezept S. 171), Butterreis (Rezept S. 165), Spätzle (Rezept S. 160), Roggennudeln (Rezept S. 163) oder Pilznudeln (Rezept S. 162)

# Kaninchenbraten auf Linsen

## ZUTATEN

- 1 küchenfertiges Kaninchen (etwa 1,8 kg)
- $^1/_2$ l Buttermilch
- Salz
- frisch gemahlener schwarzer Pfeffer
- 2 EL Mehl
- 50 g Butterschmalz
- 2 Zwiebeln
- 4 Knoblauchzehen
- 1 Lorbeerblatt
- 1 Zweig Thymian
- je 5 Wacholderbeeren und Pfefferkörner
- 3 EL gehackte Petersilie
- $^1/_8$ l Rotwein
- $^1/_2$ l Fleischbrühe
- 2 Tomaten
- 4 Schalotten
- 50 g Butter
- 1 EL Tomatenmark
- 500 g rote Linsen
- 2 – 3 EL Weinessig

## ZUBEREITUNG

- Das Kaninchen in 6 bis 8 Stücke teilen, waschen, abtropfen lassen und zwei Stunden in Buttermilch einlegen.
- Herausnehmen, trocken tupfen, mit Salz und Pfeffer würzen und in Mehl wälzen.
- In einem Bräter das Butterschmalz erhitzen, die Kaninchenstücke hineingeben und ringsum anbraten.
- Die Zwiebeln und die Knoblauchzehen schälen und fein hacken.
- Zwiebeln, Knoblauch, Lorbeerblatt, Thymianzweig, zerdrückte Wacholderbeeren, Pfefferkörner und 2 Esslöffel gehackte Petersilie zum Fleisch geben und durchschwitzen lassen.
- Den Rotwein und $^1/_8$ Liter Brühe angießen.
- Erhitzen und bei mäßiger Hitze etwa 1 Stunde köcheln lassen.
- Das Fleisch herausnehmen und warm stellen.
- Den Fond durch ein Sieb gießen.

## BEILAGEN

Petersilienkartoffeln (Rezept S. 156)

# Kaninchenbraten auf Linsen

- Die Tomaten mit heißem Wasser überbrühen, häuten und in Würfel schneiden.
- Die Schalotten schälen und fein hacken.
- In einem Topf die Butter erhitzen, Tomaten- und Schalottenwürfel hineingeben und 5 Minuten dünsten.
- Tomatenmark und Linsen zugeben.
- Die restliche Fleischbrühe zugießen.
- Mit Salz, Pfeffer und Essig würzen.
- Alles erhitzen und 20 Minuten köcheln lassen.
- Das Fleisch obenauf legen.
- Zugedeckt 10 Minuten bei geringer Hitze ziehen lassen.

# Kaninchenbraten auf Rosenkohl

## ZUTATEN

- 1 küchenfertiges Kaninchen (etwa 1,7 kg)
- 1/2 l Buttermilch
- Salz
- frisch gemahlener schwarzer Pfeffer
- 50 g Butterschmalz
- 1/4 l Fleischbrühe
- 1/8 l Weißwein (Riesling)
- 500 g Rosenkohl
- 3 Schalotten
- 500 g Champignons
- 30 g Butter
- 1/4 l Schlagsahne
- je 2 EL gehackte Petersilie, Dill und Schnittlauch
- 1 EL Zitronensaft
- 1/2 Glas Rotwein
- 1 EL eiskalte Butter

## ZUBEREITUNG

- Das Fleisch waschen, in Stücke teilen und zwei Stunden in Buttermilch einlegen.
- Herausnehmen, trocken tupfen, mit Salz und Pfeffer einreiben.
- In einem Bräter das Butterschmalz erhitzen, die Fleischstücke hineingeben und ringsum anbraten.
- Fleischbrühe und Weißwein zugießen, erhitzen und etwa 1 Stunde köcheln lassen.
- Den Rosenkohl putzen, waschen und in wenig Salzwasser 10 Minuten garen, salzen und warm stellen.
- Die Schalotten schälen und fein hacken.
- Die Champignons säubern und in Scheiben schneiden.
- In einem Topf die Butter erhitzen, die Schalotten hineingeben und kurz andünsten.
- Die Champignons dazugeben, mit Salz und Pfeffer würzen und 10 Minuten dünsten und dabei hin und wieder umrühren.
- Die Champignons herausnehmen und warm stellen.
- Den Bratensatz mit der Sahne verrühren und die Kräuter zugeben.

# Kaninchenbraten auf Rosenkohl

- Kurz aufkochen lassen und mit Salz, Pfeffer und Zitronensaft abschmecken.
- Das Fleisch aus dem Bratensatz nehmen, auf einer vorgewärmten Platte anrichten und warm stellen.
- Den Bratensatz mit Rotwein ablöschen und etwas einkochen.
- Eiskalte Butter einrühren.
- Die Soße über das Fleisch gießen.
- Die Champignons und den Rosenkohl mit der Kräutersoße auf vorgewärmten Tellern anrichten.

## BEILAGEN

Gebuttertes, getoastetes Kräuterbrot (Rezept S. 171), Petersilienkartoffeln (Rezept S. 156) oder karamellisierte Kartoffeln (Rezept S. 157)

# Kaninchen mit Paprikagemüse

## ZUTATEN

- 1 küchenfertiges Kaninchen (etwa 1,8 kg)
- Salz
- frisch gemahlener schwarzer Pfeffer
- 1 Zwiebel
- 3 Knoblauchzehen
- 100 g Butterschmalz
- 1 Lorbeerblatt
- 6 Wacholderbeeren
- 1/2 TL Rosmarinnadeln
- 1 EL Mehl
- 4 EL Weinessig
- 1/8 l Fleischbrühe
- 100 ml Weißwein (Riesling)
- je 2 rote, grüne, gelbe Paprikaschoten

## ZUBEREITUNG

- Das Kaninchen waschen und trocken tupfen.
- Das Fleisch von den Knochen lösen, in mundgerechte Stücke teilen und mit Salz und Pfeffer würzen.
- Die Zwiebel und die Knoblauchzehen schälen und fein hacken.
- In einer Kasserolle die Hälfte des Butterschmalzes erhitzen, die Fleischstücke hineingeben und ringsum anbraten.
- Zwiebel zugeben und 3 Minuten mitrösten.
- Knoblauch, Lorbeerblatt, zerdrückte Wacholderbeeren und Rosmarinnadeln zufügen, das Mehl darüber stäuben und danach Essig, Fleischbrühe und Weißwein angießen.
- Zugedeckt 35 Minuten köcheln lassen und dabei hin und wieder umrühren.
- Die Paprikaschoten waschen, putzen und zerkleinern.
- In einem Topf das restliche Butterschmalz erhitzen, die zerkleinerten Paprika hineingeben, kurz anbraten und mit Salz und Pfeffer würzen.
- Etwas Wasser angießen, bei milder Hitze 10 Minuten köcheln lassen, zum Fleisch geben, alles noch 10 Minuten köcheln lassen und abschmecken.

## BEILAGEN

Petersilienkartoffeln (Rezept S. 156), Butterreis (Rezept S. 165) oder Zwiebelbrötchen (Rezept S. 176)

# Kaninchen im Krautmantel

## ZUTATEN

- 1 Brötchen vom Vortag
- 500 g Kaninchenfleisch ohne Knochen
- 200 g durchwachsener Speck
- 2 Eier
- Salz
- frisch gemahlener schwarzer Pfeffer
- 1 Messerspitze abgeriebene Muskatnuss
- 1 Rotkohl
- 40 g Butterschmalz
- $^1/_4$ l Fleischbrühe
- 100 ml Rotwein
- 2 EL Preiselbeermarmelade

## ZUBEREITUNG

- Das Brötchen in etwas Wasser einweichen.
- Das Kaninchenfleisch und den Speck durch den Fleischwolf drehen und in eine Schüssel füllen.
- Das Brötchen ausdrücken und mit den Eiern, Salz, Pfeffer und Muskat zur Fleischmasse geben und gut vermengen.
- Den Rotkohl mit kochendem Wasser überbrühen.
- Die Kohlblätter ablösen und die Strünke entfernen.
- Jeweils 2 bis 3 Kohlblätter übereinanderlegen, ein Viertel der Fleischmasse darauf geben, das Kraut zu einer Roulade aufrollen und mit Küchengarn oder Rouladennadeln zusammenhalten.
- Mit Salz und Pfeffer würzen.
- In einem Bräter das Butterschmalz erhitzen, die vier Krautrouladen hineingeben, ringsum anbraten, Fleischbrühe und Rotwein angießen und zugedeckt 30 Minuten garen.
- Die Rouladen herausnehmen, auf einer vorgewärmten Platte anrichtenund warm stellen.
- Die Soße mit Preiselbeermarmelade verfeinern.

## BEILAGEN

Petersilienkartoffeln (Rezept S. 156), Pfannenkartoffeln (Rezept S. 154) oder Kartoffelbrei (Rezept S. 159)

# Kaninchen mit Rotkohl

## ZUTATEN

Für den Braten:

- 1 küchenfertiges Kaninchen (etwa 1,8 kg)
- 1 EL scharfer Senf
- Salz
- frisch gemahlener schwarzer Pfeffer
- 100 g durchwachsener Speck
- 2 Zwiebeln
- 4 Möhren
- 50 g Sellerie
- 40 g Butterschmalz
- 1/4 l Weißwein
- 1/8 l Weinessig
- 1/8 l Fleischbrühe
- 1 Zweig Thymian
- 6 Wacholderbeeren
- 2 Gewürznelken
- 1 kräftige Prise Zimt
- 1 EL eiskalte Butter
- Gewürze

Für den Rotkohl:

- 1 Rotkohl (1 kg)
- 3 säuerliche Äpfel
- 2 kleine Zwiebeln
- 50 g Schweineschmalz
- 2 Gewürznelken
- 1/2 Lorbeerblatt
- Salz
- 1/2 TL Zucker
- 3 EL Weinessig
- 1/8 l Rotwein

# Kaninchen mit Rotkohl

## ZUBEREITUNG

- Das Kaninchen waschen, trocken tupfen, in Stücke teilen, mit Senf bestreichen und mit Salz und Pfeffer würzen.
- Den Speck in kleine Würfel schneiden.
- Die Zwiebeln schälen und in Würfel schneiden.
- Die Möhren und den Sellerie putzen, waschen und klein schneiden.
- In einem Bräter das Butterschmalz erhitzen, die Speckwürfel hineingeben und darin knusprig anbraten.
- Die Kaninchenstücke in den Bräter legen und ringsum anbraten.
- Die Fleischstücke herausnehmen.
- Zwiebeln, Möhren und Sellerie in den Bräter geben und 10 Minuten schmoren lassen.
- Das Fleisch auf das Gemüse legen.
- Weißwein, Essig und Fleischbrühe angießen.
- Den Thymianzweig, zerdrückte Wacholderbeeren, Gewürznelken und Zimt zufügen und alles zugedeckt 1 Stunde köcheln lassen.
- Inzwischen den Rotkohl zubereiten.
- Dafür die äußeren groben Krautblätter entfernen.
- Den Kohl in Viertel teilen, den Strunk herausschneiden, waschen und fein schneiden.
- Die Äpfel waschen, ungeschält in Spalten teilen und dabei das Kerngehäuse entfernen.
- Die Zwiebeln schälen und klein schneiden.
- In einem Topf das Schweineschmalz erhitzen.
- Rotkraut, Äpfel, Zwiebeln, Gewürznelken, Lorbeerblatt, Salz, Zucker, Essig, 1/8 l Wasser und den Rotwein zugeben, zum Kochen bringen und anschließend eine gute Stunde köcheln lassen.
- Das gegarte Fleisch auf einer vorgewärmten Platte anrichten und warm stellen.
- Die Soße passieren und die eiskalte Butter einrühren.
- Das Gemüse in eine vorgewärmte Schüssel füllen und alles zusammen servieren.

## BEILAGEN

Kartoffelklöße (Rezepte S. 148)

# Kaninchen mit Äpfeln

## ZUTATEN

- 1 küchenfertiges Kaninchen (etwa 2 kg)
- Salz
- frisch gemahlener schwarzer Pfeffer
- 3 Zwiebeln
- 2 Knoblauchzehen
- 6 säuerliche Äpfel
- 30 g Butter
- 1/8 l Weißwein (Riesling)
- 50 g Butterschmalz
- 6 dünne Scheiben durchwachsener Speck
- 1/4 l Fleischbrühe
- 1 EL mittelscharfer Senf
- 2 EL Crème fraîche

## ZUBEREITUNG

- Das Kaninchen waschen, trocken tupfen, in 6 Stücke teilen und mit Salz und Pfeffer einreiben.
- Die Zwiebeln und die Knoblauchzehen schälen, die Zwiebeln in Viertel teilen und den Knoblauch fein hacken.
- Die Äpfel schälen und in Spalten schneiden, dabei das Kerngehäuse entfernen.
- In einem Topf die Butter erhitzen.
- Die Äpfel, Zwiebeln und den Knoblauch hineingeben, anbraten und mit Weißwein ablöschen.
- Vom Herd nehmen.
- In einem Bräter das Butterschmalz erhitzen, die Fleischstücke hineingeben, ringsum knusprig braten und mit Speckscheiben belegen.
- Die Äpfel mit dem Weißwein zugeben, die Fleischbrühe angießen und zugedeckt 1 Stunde köcheln lassen.
- Das Fleisch herausnehmen und warm stellen.
- Die Soße passieren, mit Senf und Crème fraîche verrühren und mit Salz und Pfeffer abschmecken.

## BEILAGEN

Petersilienkartoffeln (Rezept S. 156), karamellisierte Kartoffeln (Rezept S. 157) oder Kartoffelbrei (Rezept S. 159)

# Kaninchen in Currysoße

## ZUTATEN

- 1 küchenfertiges Kaninchen (etwa 1,8 kg)
- 1 1/2 l Buttermilch
- Salz
- frisch gemahlener schwarzer Pfeffer
- 2 Zwiebeln
- 2 Möhren
- 2 Stangen Lauch
- 50 g Sellerieknolle
- 50 g Butterschmalz
- 1/4 l Weißwein (Riesling)
- 1/4 l Fleischbrühe
- 1 großer Apfel
- 2 EL Curry
- 1 TL Zucker

## ZUBEREITUNG

- Das Kaninchen in 6 Stücke teilen, waschen und in eine Schüssel legen.
- Mit Buttermilch begießen und 2 Stunden ziehen lassen.
- Herausnehmen, trocken tupfen und mit Salz und Pfeffer einreiben.
- Die Zwiebeln schälen und in Würfel schneiden.
- Die Möhren putzen, waschen und in Scheiben schneiden, den Lauch putzen und in 1 cm dicke Ringe schneiden.
- Den Sellerie schälen, waschen und ebenfalls zerkleinern.
- In einem Bräter das Butterschmalz erhitzen, die Fleischstücke hineingeben und ringsum anbraten.
- Gemüse zugeben, Weißwein und Fleischbrühe angießen und alles zum Kochen bringen und zugedeckt bei mäßiger Hitze 1 Stunde köcheln lassen.
- Das Fleisch herausnehmen und warm stellen.
- Den Apfel schälen, reiben und zusammen mit dem Curry zur Soße geben.
- Alles durch ein Sieb passieren und mit Salz, Pfeffer und Zucker abschmecken.
- Das Fleisch auf einer vorgewärmten Platte anrichten, die Soße darüber gießen.

## BEILAGEN

Semmelkloß (Rezept S. 153) und
Blattsalat, Gemüsereis (Rezept S. 164) oder
Roggennudeln (Rezept S. 163)

# Kaninchen mit Backpflaumen

## ZUTATEN

- 500 g entsteinte Backpflaumen
- 1 küchenfertiges Kaninchen (etwa 2 kg)
- 50 g Butterschmalz
- Salz
- frisch gemahlener schwarzer Pfeffer
- 1 Prise Zucker
- 50 g Butterschmalz
- 1/4 l Fleischbrühe
- 8 EL Weinessig
- 3 EL Armagnac
- 2 EL Johannisbeergelee

## ZUBEREITUNG

- Die Pflaumen in eine Schüssel geben.
- So viel Wasser zugeben, bis sie bedeckt sind, und über Nacht stehen lassen.
- Das Fleisch waschen, trocken tupfen und über Nacht in Buttermilch legen.
- Das Fleisch herausnehmen, trocken tupfen, in 6 Stücke teilen und mit Salz, Pfeffer und Zucker einreiben.
- In einem Bräter das Butterschmalz erhitzen, das Fleisch hineingeben und ringsum anbraten.
- Brühe, Essig und Armagnac angießen und zugedeckt 25 Minuten garen.
- Die Pflaumen auf einem Sieb abtropfen lassen und zum Fleisch geben.
- Weitere 20 Minuten garen, zuletzt das Johannisbeergelee einrühren und abschmecken.

## BEILAGEN

Kartoffelklöße (Rezepte S. 148), Kartoffelpuffer (Rezept S. 155) oder Kräuterbrot (S. 171)

# Kaninchen mit Sauerkirschen

## ZUTATEN

- 1 küchenfertiges Kaninchen (etwa 1,8 kg)
- Salz
- frisch gemahlener schwarzer Pfeffer
- 1 Petersilienwurzel
- 1/2 l Rotwein
- 1 Lorbeerblatt
- 1 Gewürznelke
- 2 EL Kognak oder Weinbrand
- 100 g durchwachsener Speck
- 2 Zwiebeln
- 1 Möhre
- 50 g Sellerieknolle
- 1 EL Butterschmalz
- 2 EL Mehl
- 1/2 l Fleischbrühe
- 250 g entsteinte Sauerkirschen

## ZUBEREITUNG

- Das Kaninchen waschen, trocken tupfen, in Stücke teilen und mit Salz und Pfeffer einreiben.
- Die Petersilienwurzel putzen, waschen und zerkleinern.
- In eine Schüssel den Rotwein gießen und Lorbeerblatt, Gewürznelke und Petersilienwurzel sowie den Kognak oder Weinbrand zugeben und die Fleischstücke hineinlegen.
- Nach 2 Tagen herausnehmen und trocken tupfen.
- Den Speck in kleine Würfel schneiden.
- Die Zwiebeln schälen und in Scheiben schneiden.
- Die Möhre und die Sellerieknolle putzen, waschen und zerkleinern.
- In einem Bräter das Butterschmalz erhitzen, die Speckwürfel darin anbraten, die Fleischstücke zufügen und ringsum anbraten.
- Zwiebeln, Möhre und Sellerieknolle zugeben.
- Mehl darüber stäuben und die Fleischbrühe und 1/8 Liter von der durchgeseihten Marinade angießen.
- Alles erhitzen und zugedeckt 50 Minuten schmoren lassen.
- Die Fleischstücke herausnehmen, auf einer vorgewärmten Platte anrichten und warm stellen.
- Die Soße passieren, Sauerkirschen zugeben, kurz erhitzen und mit Salz und Pfeffer abschmecken.

## BEILAGEN

Semmelkloß (Rezept S. 153) oder
Semmelknödel (Rezept S. 152)

# Kaninchen mit Pumpernickel

## ZUTATEN

- 1 küchenfertiges Kaninchen (etwa 1,7 kg)
- Salz
- frisch gemahlener schwarzer Pfeffer
- 125 g durchwachsener Speck
- 2 Zwiebeln
- 2 Knoblauchzehen
- 500 g Schweinekamm
- 50 g Butterschmalz
- 1 EL Mehl
- 200 g Pumpernickel
- 8 Wacholderbeeren
- 1 Lorbeerblatt
- 1 Gewürznelke
- 1/4 l Rotwein
- 1/8 l Fleischbrühe

## ZUBEREITUNG

- Das Kaninchen waschen, trocken tupfen, in Stücke teilen und mit Salz und Pfeffer einreiben.
- Den Speck in kleine Würfel schneiden.
- Die Zwiebeln und die Knoblauchzehen schälen und fein hacken.
- Den Schweinekamm waschen, trocken tupfen und in mundgerechte Stücke schneiden.
- In einem Bräter das Butterschmalz erhitzen, die Speckwürfel hineingeben und kross braten.
- Das Kaninchenfleisch zugeben, ringsum anbraten, herausnehmen und beiseite stellen.
- Jetzt das Kammfleisch in den Bräter geben, ringsum anbraten und mit Salz und Pfeffer würzen.
- Die Zwiebeln zugeben und kurz mitbraten.
- Das Fleisch mit Mehl bestäuben und das Kaninchenfleisch in den Bräter legen.
- Den Pumpernickel zerbröseln und mit den zerdrückten Wacholderbeeren, dem Lorbeerblatt, dem Knoblauch und der Gewürznelke zum Fleisch geben.
- Den Rotwein und die Fleischbrühe angießen, alles erhitzen und etwa 1 Stunde köcheln lassen.

## BEILAGEN

Kartoffelklöße (Rezepte S. 148)

# Gefüllte Kaninchenkeulen

## ZUTATEN

- 5 Kaninchenkeulen
- 250 g geräucherte Entenbrust
- frisch gemahlener schwarzer Pfeffer
- Salz
- 3 EL gehackte Petersilie
- 5 EL Schlagsahne
- 50 g Butterschmalz

## ZUBEREITUNG

- Die Kaninchenkeulen waschen und trocken tupfen.
- Bei vier Kaninchenkeulen den Oberschenkelknochen frei schneiden, im Gelenk nach unten drücken und herausdrehen.
- Die restliche Kaninchenkeule vom Knochen befreien, das Fleisch durch den Fleischwolf drehen und in eine Schüssel füllen.
- Die Entenbrust häuten, in kleine Würfel schneiden und zum durchgedrehten Kaninchenfleisch geben.
- Salz, Pfeffer, Petersilie und Schlagsahne zufügen, alles gut vermischen und die Keulen damit füllen.
- Dann die Keulen mit Salz und Pfeffer einreiben.
- In einem Bräter das Butterschmalz erhitzen, die Keulen darin ringsum anbraten und im vorgeheizten Backofen bei 180 °C etwa 35 Minuten garen.
- Herausnehmen, in Scheiben schneiden und auf einer vorgewärmten Platte anrichten.

## BEILAGEN

Karamellisierte Kartoffeln (Rezept S. 157), Pfannenkartoffeln (Rezept S. 154), glasierte Schalotten (Rezept S. 170) oder rote Zwiebeln (Rezept S. 168)

# Kaninchenkeulen mit Rahmsoße

## ZUTATEN

- 4 Kaninchenkeulen
- Salz
- frisch gemahlener schwarzer Pfeffer
- 125 g Räucherspeck
- 1 Zwiebel
- 1 Knoblauchzehe
- 1 Möhre
- 1 Petersilienwurzel
- 30 g Sellerieknolle
- 50 g Butterschmalz
- 2 Lorbeerblätter
- je 1/2 TL Majoran und Thymian
- 1 Messerspitze Ingwerpulver
- 1/2 l helles Bier

Für die Soße:

- 150 g Mischpilze
- 3 Schalotten
- 100 g gekochter Schinken
- 30 g Butter
- 1/8 l Schlagsahne

## ZUBEREITUNG

- Die Kaninchenkeulen waschen, trocken tupfen und mit Salz und Pfeffer einreiben.
- Den Speck in feine Streifen schneiden und das Fleisch damit spicken.
- Die Zwiebel und die Knoblauchzehe schälen und in Scheiben schneiden.
- Möhre, Petersilienwurzel und die Sellerieknolle putzen, waschen und zerkleinern.
- In einem Bräter das Butterschmalz erhitzen, die Kaninchenkeulen hineinlegen und ringsum anbraten.
- Das zerkleinerte Gemüse, die Lorbeerblätter, Majoran, Thymian und das Ingwerpulver zugeben und das Bier angießen.
- Alles erhitzen und 50 Minuten köcheln lassen.
- Die Keulen hin und wieder mit Bratensaft begießen.

# Kaninchenkeulen mit Rahmsoße

- Für die Rahmsoße die Pilze putzen und klein schneiden.
- Die Schalotten schälen und fein hacken.
- Den Schinken in Würfel schneiden.
- In einem Topf die Butter erhitzen, die Pilze hineingeben und 8 Minuten dünsten.
- Schalotten und Schinkenwürfel zugeben und kurz mitdünsten, dann vom Herd nehmen.
- Die gegarten Kaninchenkeulen auf einer vorgewärmten Platte anrichten.
- Die Soße passieren, die Sahne und das Pilzgemisch einrühren, mit Salz und Pfeffer abschmecken und mit den Keulen zu Tisch bringen.

## BEILAGEN

Kartoffelklöße (Rezept S. 148), Butterreis (Rezept S. 165), Petersilienkartoffeln (Rezept S. 156) oder Pilznudeln (Rezept S. 162)

# KaninchenKeulen mit Birnenhälften

## ZUTATEN

- 4 Kaninchenkeulen
- Salz
- frisch gemahlener schwarzer Pfeffer
- 6 Schalotten
- 30 g Butterschmalz
- 1/4 l Schlagsahne
- 2 bis 3 EL Kognak oder Weinbrand
- 4 gedünstete Birnenhälften
- Preiselbeerkompott

## ZUBEREITUNG

- Die Keulen waschen und trocken tupfen und mit Salz und Pfeffer einreiben.
- Die Schalotten schälen und in Würfel schneiden.
- In einem Topf das Butterschmalz erhitzen, die Keulen hineingeben und ringsum anbraten.
- Schalotten zugeben, alles mit Mehl bestäuben und die Schlagsahne angießen.
- Zugedeckt etwa 1 Stunde garen.
- Das Fleisch herausnehmen, auf einer vorgewärmten Platte anrichten und warm stellen.
- Die Soße passieren und mit Kognak oder Weinbrand verfeinern.
- Jeden Teller mit einer Birnenhälfte, gefüllt mit Preiselbeerkompott, garnieren.

## BEILAGEN

Kartoffelklöße (Rezepte S. 148)

# Kaninchenkeulen mit Pflaumen und Ingwer

## ZUTATEN

- 4 Kaninchenkeulen
- Salz
- frisch gemahlener schwarzer Pfeffer
- 500 g Pflaumen
- 4 Knoblauchzehen
- 1 Stück frische Ingwerwurzel (etwa 20 g)
- 40 g Butterschmalz
- knapp 1/2 l Fleischbrühe
- 8 EL Pflaumenschnaps
- 1 Lorbeerblatt
- 4 EL Preiselbeermarmelade
- 1 EL eiskalte Butter

## ZUBEREITUNG

- Die Kaninchenkeulen waschen, trocken tupfen und mit Salz und Pfeffer einreiben.
- Die Pflaumen waschen, halbieren und entsteinen.
- Die Knoblauchzehen schälen und fein hacken.
- Die Ingwerwurzel schälen und fein schneiden.
- In einem Bräter das Butterschmalz erhitzen, die Kaninchenkeulen hineingeben und ringsum anbraten.
- Pflaumen zugeben und einige Minuten mitschmoren.
- Dann die Fleischbrühe, den Pflaumenschnaps, Knoblauch und Ingwer zufügen.
- Im vorgeheizten Backofen bei 180 °C 45 Minuten garen.
- Die Keulen auf einer vorgewärmten Platte anrichten, die Soße mit Salz und Pfeffer abschmecken und die Preiselbeermarmelade zufügen.
- Zuletzt die eiskalte Butter einrühren.

## BEILAGEN

Semmelknödel (Rezept S. 152) oder
Semmelkloß (Rezept S. 153)

# KaninchenKeulen mit Weißwein

## ZUTATEN

- 4 Kaninchenkeulen
- Salz
- frisch gemahlener schwarzer Pfeffer
- 1 EL scharfer Senf
- 200 g Schinkenspeck
- 4 Möhren
- 2 Zwiebeln
- 1/4 Sellerieknolle
- 40 g Butterschmalz
- 1/4 l Weißwein (Riesling)
- 1/8 l Fleischbrühe
- 1 EL Tomatenmark
- 6 EL gegarte Erbsen
- 1 EL Mehl
- 8 EL Schlagsahne
- 4 EL gehackte Petersilie

## ZUBEREITUNG

- Die Kaninchenkeulen waschen und trocken tupfen und mit Salz, Pfeffer und Senf würzen.
- Den Schinkenspeck in Würfel schneiden.
- Möhren, Zwiebeln und Sellerie putzen und klein schneiden.
- In einem Topf das Butterschmalz erhitzen und die Schinkenspeckwürfel darin anbraten.
- Die Keulen hineingeben und ringsum anbraten.
- Das Gemüse zugeben und 5 Minuten durchschwitzen lassen.
- Den Weißwein und die Brühe angießen.
- Alles erhitzen und zugedeckt etwa 45 Minuten köcheln lassen.
- Die Keulen herausnehmen, das Fleisch von den Knochen lösen und warm stellen.
- Die Soße pürieren und Tomatenmark einrühren.
- Das Mehl mit der Sahne verquirlen und die Soße damit binden.
- Zuletzt die Erbsen und das Fleisch hineingeben und nochmal kurz erhitzen.
- Mit Petersilie bestreut servieren.

## BEILAGEN

Petersilienkartoffeln (Rezept S. 156) oder Kartoffelklöße (Rezepte S. 148)

# Marinierte Kaninchenkeulen

## ZUTATEN

- 4 Kaninchenkeulen
- 1 l Buttermilch
- 200 g Räucherspeck
- Salz
- frisch gemahlener schwarzer Pfeffer
- 2 Zwiebeln
- 1 kräftige Prise gemahlene Gewürznelke
- 1 unbehandelte Zitrone
- 50 g Butterschmalz
- $^1/_2$ l helles Bier
- 2 EL Johannisbeergelee

## ZUBEREITUNG

- Die Keulen waschen, trocken tupfen und in eine Schüssel legen.
- So viel Buttermilch darüber gießen, dass die Keulen bedeckt sind.
- Zugedeckt 2 Tage an einen kühlen Platz stellen.
- Herausnehmen und trocken tupfen.
- Den Speck in dünne Streifen schneiden, die Keulen damit spicken und mit Salz, Pfeffer und gemahlener Gewürznelke würzen.
- Die Zwiebeln schälen und in dünne Scheiben schneiden.
- Die Zitrone ebenfalls in Scheiben schneiden.
- In einem Bräter das Butterschmalz erhitzen, die Keulen hineingeben und auf beiden Seiten anbraten.
- Zwiebel- und Zitronenscheiben zugeben und das Bier angießen.
- Erhitzen und zugedeckt etwa 45 Minuten bei mäßiger Hitze garen.
- Das Fleisch herausnehmen und warm stellen.
- Die Soße passieren und mit Johannisbeergelee verfeinern.

## BEILAGEN

Semmelknödel (Rezept S. 152)

# Kaninchenkeulen mit Rotwein

## ZUTATEN

- 4 Kaninchenkeulen
- 1 – 2 l Buttermilch
- Salz
- frisch gemahlener schwarzer Pfeffer
- 125 g Räucherspeck
- 2 Zwiebeln
- 2 säuerliche Äpfel
- 1/4 l Rotwein
- 100 ml Fleischbrühe
- 1 EL Mehl
- 1 Prise Zucker

## ZUBEREITUNG

- Die Kaninchenkeulen waschen, in eine Schüssel legen und die Buttermilch darüber gießen.
- Zugedeckt über Nacht kühl stellen.
- Herausnehmen, trocken tupfen und mit Salz und Pfeffer einreiben.
- Den Speck in kleine Würfel schneiden.
- Die Zwiebeln schälen und grob zerkleinern.
- Die Äpfel schälen und in feine Spalten schneiden, dabei das Kerngehäuse entfernen.
- Die Speckwürfel in einen Bräter geben und auslassen.
- Die Keulen zufügen und ringsum anbraten.
- Dann Zwiebeln und Äpfel zufügen.
- Den Rotwein und die Fleischbrühe angießen und alles 45 Minuten köcheln lassen.
- Die Keulen herausnehmen, die Knochen entfernen und das Fleisch in mundgerechte Stücke schneiden.
- Die Soße passieren.
- Das Mehl in wenig kaltem Wasser glatt rühren, die Soße damit binden und mit Salz, Pfeffer und einer Prise Zucker abschmecken.
- Die Fleischstücke in die Soße legen, kurz erhitzen und sofort zu Tisch bringen.

## BEILAGEN

Kartoffelklöße (Rezepte S. 148), Kartoffelpuffer (Rezept S. 155), Butterreis (Rezept S. 165) oder Pilznudeln (Rezept S. 162)

# Kaninchenkeulen mit Quittengelee

## ZUTATEN

- 4 Kaninchenkeulen
- Salz
- frisch gemahlener weißer Pfeffer
- 2 Zwiebeln
- 2 Möhren
- 50 g Butterschmalz
- 400 ml Buttermilch
- 4 EL Quittengelee
- 6 EL Kognak oder Weinbrand
- 1 EL Mehl
- 100 ml Schlagsahne

## ZUBEREITUNG

- Die Kaninchenkeulen waschen, trocken tupfen, mit Salz und Pfeffer einreiben.
- Die Zwiebeln schälen und fein hacken.
- Die Möhren putzen, waschen und klein schneiden.
- In einem Bräter das Butterschmalz erhitzen, die Keulen hineingeben und rundum anbraten.
- Zwiebeln, Möhren und Buttermilch zugeben und zugedeckt 45 Minuten garen.
- Die Keulen herausnehmen, die Knochen entfernen, das Fleisch in mundgerechte Stücke schneiden und in eine Schüssel füllen.
- Warm stellen.
- Den Bratfond durch ein Sieb gießen und Quittengelee und Kognak oder Weinbrand zufügen.
- Das Mehl in der Sahne glatt rühren und die Soße damit binden.
- Mit Salz und Pfeffer abschmecken und über das Fleisch gießen.

## BEILAGEN

Butterreis (Rezept S. 165)

# Kaninchenkeulen mit Pflaumenmus

## ZUTATEN

- 4 Kaninchenkeulen
- Salz
- frisch gemahlener schwarzer Pfeffer
- 2 Zwiebeln
- 2 Knoblauchzehen
- 2 Möhren
- 2 säuerliche Äpfel
- 50 g Butterschmalz
- 1 Lorbeerblatt
- 8 Wacholderbeeren
- 150 g Pflaumenmus
- 1/4 l Rotwein
- 1/4 l Fleischbrühe
- 30 g eiskalte Butter

## ZUBEREITUNG

- Die Kaninchenkeulen waschen, trocken tupfen und mit Salz und Pfeffer einreiben.
- Die Zwiebeln und die Knoblauchzehen schälen und fein hacken.
- Die Möhren putzen, waschen und in Scheiben schneiden.
- Die Äpfel waschen, ungeschält in Spalten schneiden und dabei das Kerngehäuse entfernen.
- In einem Bräter das Butterschmalz erhitzen, die Keulen hineingeben und ringsum scharf anbraten.
- Das Gemüse, die Apfelspalten, das Lorbeerblatt, die zerdrückten Wacholderbeeren und das Pflaumenmus zugeben.
- Den Rotwein und die Brühe angießen.
- Alles erhitzen und bei mäßiger Hitze etwa 50 Minuten köcheln lassen.
- Die Keulen herausnehmen und auf einer vorgewärmten Platte anrichten.
- Die Soße passieren, mit Salz und Pfeffer abschmecken und die eiskalte Butter einrühren.

## BEILAGEN

Butterreis (Rezept S. 165)

# Kaninchenkeulen im Zwiebelbett

## ZUTATEN

- 4 Kaninchenkeulen
- Salz
- frisch gemahlener schwarzer Pfeffer
- 50 g Butterschmalz
- 1/4 l Weißwein (Riesling)
- 100 ml Fleischbrühe
- 1 kg Zwiebeln
- 150 g durchwachsener Speck
- 2 EL Sonnenblumenöl
- 1 EL gemahlener weißer Pfeffer
- 1/4 TL Zucker
- 2 EL Butter

## ZUBEREITUNG

- Die Kaninchenkeulen waschen, trocken tupfen und mit Salz und Pfeffer einreiben.
- In einem Bräter das Butterschmalz erhitzen, die Kaninchenkeulen hineingeben, ringsum anbraten, Weißwein angießen und bei mittlerer Hitze 40 Minuten köcheln lassen.
- Die Zwiebeln schälen und in Scheiben schneiden.
- Den Speck in kleine Würfel schneiden.
- In einem Topf das Öl erhitzen, den Speck darin kross anbraten und die Zwiebelscheiben hinzugeben.
- Salz, Pfeffer, Zucker und Butter zufügen, erhitzen und 5 Minuten köcheln lassen.
- Die Zwiebeln zu den Kaninchenkeulen geben und 5 Minuten mitköcheln lassen.
- Die Keulen herausnehmen.
- Auf vorgewärmte Teller etwas Zwiebelgemüse geben und die Keulen darauf anordnen.

## BEILAGEN

Petersilienkartoffeln (Rezept S. 156), Kartoffelpuffer (Rezept S. 155) oder Pfannenkartoffeln (Rezept S. 154)

# KaninchenKeulen mit Tomaten

## ZUTATEN

- 4 Kaninchenkeulen
- Salz
- frisch gemahlener schwarzer Pfeffer
- 3 Zwiebeln
- 2 Knoblauchzehen
- 500 g Tomaten
- 50 g Butterschmalz
- 2 Lorbeerblätter
- 2 Zweige Salbei
- 1 TL gemahlener Kümmel
- $^{1}/_{4}$ l Fleischbrühe
- 3 EL Kognak oder Weinbrand
- 2 EL gehackte Petersilie

## ZUBEREITUNG

- Die Kaninchenkeulen waschen, trocken tupfen und mit Salz und Pfeffer einreiben.
- Die Zwiebeln und die Knoblauchzehen schälen und fein hacken.
- Die Tomaten überbrühen, enthäuten und in Viertel schneiden.
- In einem Bräter das Butterschmalz erhitzen, die Kaninchenkeulen hineingeben und ringsum knusprig anbraten.
- Zwiebeln, Tomaten, Lorbeerblätter, Salbei, Kümmel und Knoblauch zufügen.
- Brühe und Kognak oder Weinbrand angießen.
- Alles erhitzen und anschließend bei mäßiger Hitze 1 Stunde köcheln lassen.
- Mit Petersilie bestreuen.
- Im Bräter zu Tisch bringen.

## BEILAGEN

Petersilienkartoffeln (Rezept S. 156), karamellisierte Kartoffeln (Rezept S. 157) oder Pfannenkartoffeln (Rezept S. 154)

# Kaninchenrücken in Schwarzbrotsoße

## ZUTATEN

- 2 Kaninchenrücken
- Weinessig
- Salz
- frisch gemahlener schwarzer Pfeffer
- Curry
- 2 EL Tomatenmark
- 200 g Räucherspeck
- 4 Zwiebeln
- 50 g Butterschmalz
- 1/4 l saure Sahne
- 100 g Schwarzbrot
- 1/8 l Rotwein

## ZUBEREITUNG

- Die Kaninchenrücken waschen und trocken tupfen.
- Ein Baumwolltuch in Weinessig tränken, die Kaninchenrücken darin einwickeln und 24 Stunden ziehen lassen.
- Danach die Kaninchenrücken mit Salz, Pfeffer und Curry würzen und mit Tomatenmark bestreichen.
- Den Speck in Scheiben schneiden.
- Die Zwiebeln schälen und ebenfalls in Scheiben schneiden.
- Die Kaninchenrücken mit Speck- und Zwiebelscheiben belegen und mit Küchengarn zusammenhalten.
- In einem Bräter das Butterschmalz erhitzen, das Fleisch hineingeben und anbraten.
- Saure Sahne angießen und 35 Minuten garen.
- Das Schwarzbrot in Würfel schneiden, mit dem Rotwein hinzufügen und alles 10 Minuten köcheln lassen.
- Das Fleisch herausnehmen und das Küchengarn entfernen.
- Die Soße pürieren und abschmecken.

## BEILAGEN

Kartoffelklöße (Rezepte S. 148) oder
Pfannenkartoffeln (Rezept S. 154)

# Pikanter Kaninchenrücken

## ZUTATEN

- 2 Kaninchenrücken
- Salz
- frisch gemahlener schwarzer Pfeffer
- 150 g Rosinen
- 200 g gemahlene Walnusskerne
- 1/8 l Portwein
- 1 kräftige Prise Zimt
- 2 Schalotten
- 2 Möhren
- 50 g Sellerieknolle
- 40 g Butterschmalz
- 1/4 l Fleischbrühe
- 2 EL Crème fraîche

## ZUBEREITUNG

- Die Kaninchenrücken waschen und trocken tupfen und mit Salz und Pfeffer einreiben.
- Die Rosinen verlesen, waschen und abtropfen lassen.
- Mit den gemahlenen Walnüssen, der Hälfte vom Portwein und dem Zimt vermischen.
- Die Mischung auf das Fleisch streichen und 3 Stunden einziehen lassen.
- Die Schalotten schälen und halbieren, die Möhren und den Sellerie putzen, waschen und grob zerkleinern.
- In einem Bräter das Butterschmalz erhitzen, das Gemüse hineingeben und anrösten.
- Das Fleisch darauf legen, Brühe angießen und im vorgeheizten Backofen bei 200 °C etwa 35 Minuten garen.
- Ab und zu mit Bratensaft und dem restlichen Portwein begießen.
- Das Fleisch herausnehmen und warm stellen.
- Die Soße passieren, etwas einkochen, mit Salz und Pfeffer abschmecken und mit Crème fraîche verfeinern.

## BEILAGEN

Butterreis (Rezept S. 165)

# Verpacktes Kaninchenfilet

## ZUTATEN

- 4 Kaninchenfilets (aus dem Rücken)
- 1 EL scharfer Senf
- Salz
- frisch gemahlener schwarzer Pfeffer
- 2 Zwiebeln
- 500 g Tomaten
- 8 dünne Speckscheiben (in gleicher Größe wie die Filets)
- 1/8 l Weißwein (Riesling)
- 60 g Butter

## ZUBEREITUNG

- Das Fleisch waschen und trocken tupfen.
- Mit Senf bestreichen und mit Salz und Pfeffer würzen.
- Die Zwiebeln schälen und in dünne Scheiben schneiden.
- Die Tomaten überbrühen, häuten und in kleine Würfel schneiden.
- Zwiebelscheiben und Tomatenwürfel auf dem Fleisch anordnen.
- Die Filets zusammenschlagen, in jeweils 2 Speckscheiben einpacken, mit Küchengarn zusammenhalten und in eine feuerfeste Form legen.
- Weißwein angießen, Butterflöckchen aufsetzen und im vorgeheizten Backofen bei 180 °C etwa 25 Minuten garen.
- Dabei ab und zu mit Bratensaft begießen, wenn nötig noch etwas Weißwein angießen.

## BEILAGEN

Kartoffelpuffer (Rezept S. 155) oder
Pfannenkartoffeln (Rezept S. 154)

# Kaninchenfilets mit Maronenpüree

## ZUTATEN

- 3/8 l Fleischbrühe
- 1 Lorbeerblatt
- 2 Zwiebeln
- 500 g Kaninchenfilet
- 500 g Maronen
- Salz
- 100 g Butter
- 3 EL Weißwein (Riesling)
- frisch gemahlener weißer Pfeffer
- 1 Messerspitze abgeriebene Muskatnuss

Für die Soße:

- 1 EL Mehl
- 1/8 l Fleischbrühe
- frisch gemahlener weißer Pfeffer
- 4 EL Schlagsahne
- 1 fein gehobelte schwarze Trüffel
- Salz

## ZUBEREITUNG

- Die Brühe mit dem Lorbeerblatt und den geschälten, zerkleinerten Zwiebeln zum Kochen bringen.
- Das Fleisch hineingeben und 8 bis 10 Minuten ziehen lassen.
- Herausnehmen und in Alufolie einwickeln.
- Für das Püree die Maronen an den Spitzen kreuzweise einritzen.
- Im vorgewärmten Backofen bei 160 °C so lange erhitzen, bis die Schalen platzen (etwa 5 – 8 Minuten).
- Herausnehmen und die Schalen entfernen.
- Die Maronen mit kochendem Wasser überbrühen und von der inneren Haut befreien.
- In wenig Salzwasser weich kochen, dann das Wasser abgießen und die Maronen zerdrücken.
- In einer Pfanne die Hälfte der Butter erhitzen und die Maronen darin anrösten.
- Weißwein, Salz, Pfeffer und Muskat zugeben und das Ganze warm stellen.

## BEILAGEN

Roggennudeln (Rezept S. 163) oder karamellisierte Kartoffeln (Rezept S. 157)

# Kaninchenfilets mit Maronenpüree

- Für die Soße die restliche Butter erhitzen, das Mehl einrühren, 1/8 l Fleischbrühe zufügen, glatt rühren, erhitzen und 2 bis 3 Minuten köcheln lassen.
- Mit Salz und Pfeffer würzen.
- Sahne und gehobelte Trüffel einrühren.
- Das Fleisch in Scheiben schneiden.
- Mit dem Maronenpüree auf vorgewärmten Tellern anrichten und jeweils etwas Soße angießen.

# Kaninchen-Zwiebel-Braten

## ZUTATEN

- 1 küchenfertiges Kaninchen (etwa 2 kg)
- Salz
- frisch gemahlener schwarzer Pfeffer
- 100 g Räucherspeck
- 6 Zwiebeln
- 2 EL Sonnenblumenöl
- 1 TL Zucker
- 2 EL Weinessig
- 1 EL Tomatenmark
- 1/2 TL Majoran
- 6 – 8 EL saure Sahne
- Gewürze

## ZUBEREITUNG

- Das Kaninchen waschen, trocken tupfen, in portionsgerechte Stücke teilen und mit Salz und Pfeffer einreiben.
- Den Speck in kleine Würfel schneiden.
- Die Zwiebeln schälen und in Scheiben schneiden.
- In einem Bräter das Öl erhitzen, die Speckwürfel hineingeben, etwas auslassen, dann die Zwiebelscheiben zufügen und goldbraun anbraten.
- Zucker darüber streuen und mit dem Essig ablöschen.
- Kaninchenstücke, Tomatenmark, Majoran und 1 Tasse Wasser zugeben und alles etwa 1 Stunde garen.
- Das Fleisch herausnehmen, auf einer Platte anrichten und warm stellen.
- Die Soße passieren und mit saurer Sahne verfeinern.
- Die Soße über das Fleisch geben und servieren.

## BEILAGEN

Kartoffelpuffer (Rezept S. 155), Pfannenkartoffeln (Rezept S. 154) oder geröstetes, gebuttertes Kräuterbrot (Rezept S. 171)

# Kaninchenbraten mit Roter Bete

## ZUTATEN

- 1 küchenfertiges Kaninchen (etwa 1,8 kg)
- Salz
- frisch gemahlener schwarzer Pfeffer
- 8 Wacholderbeeren
- 200 g Räucherspeck
- 40 g Butterschmalz
- 30 g Butter
- 1/4 l saure Sahne
- 1 kg gegarte Rote Bete
- 2 Zwiebeln
- 1/8 l Fleischbrühe
- 4 EL Weinessig

## ZUBEREITUNG

- Das Kaninchen waschen, trocken tupfen und mit Salz, Pfeffer und zerdrückten Wacholderbeeren einreiben.
- Den Speck in kleine Würfel schneiden.
- In einem Bräter das Butterschmalz erhitzen, die Speckwürfel kross anbraten.
- Das Kaninchen hineingeben und ringsum anbraten.
- Butterflöckchen aufsetzen, die saure Sahne angießen und zugedeckt etwa 1 Stunde köcheln lassen.
- Das Fleisch herausnehmen und warm stellen.
- Die Rote Bete sehr fein schneiden.
- Die Zwiebeln schälen und fein hacken.
- Rote Bete, Zwiebeln und Fleischbrühe zur Soße geben, kurz erhitzen und 3 Minuten köcheln lassen.
- Mit Essig, Salz und Pfeffer abschmecken.
- Das Kaninchen in Portionsstücke teilen und auf einer vorgewärmten Platte anrichten und mit der Soße zu Tisch bringen.

## BEILAGEN

Karamellisierte Kartoffeln (Rezept S. 157), Petersilienkartoffeln (Rezept S. 156) oder knusprige Speckbrötchen (Rezept S. 173)

# Fruchtiger Fleischtopf

## ZUTATEN

- 1 küchenfertiges Kaninchen (etwa 1,7 kg)
- 1 – 2 l Buttermilch
- Salz
- frisch gemahlener schwarzer Pfeffer
- 150 g durchwachsener Speck
- 2 Zwiebeln
- 2 Möhren
- 50 g Butterschmalz
- 1 Stange Sellerie
- 1 Messerspitze abgeriebene Muskatnuss
- 1/8 l Fleischbrühe
- 1/4 l Weißwein (Riesling)
- 400 g frische, entsteinte Schattenmorellen
- 2 EL Johannisbeergelee

## ZUBEREITUNG

- Das Kaninchen waschen und über Nacht in Buttermilch legen.
- Das Fleisch herausnehmen, trocken tupfen, in 6 Stücke teilen und mit Salz und Pfeffer einreiben.
- Den Speck in kleine Würfel schneiden.
- Die Zwiebeln schälen und grob zerkleinern.
- Die Möhren putzen, waschen und ebenfalls zerkleinern.
- Das Butterschmalz in einem Bräter erhitzen, die Speckwürfel darin auslassen.
- Das Fleisch hineingeben und ringsum anbraten.
- Zwiebeln, Möhren und den Selleriezweig zugeben.
- Die Brühe und den Wein angießen und zugedeckt 50 Minuten köcheln lassen.
- Das Fleisch herausnehmen und warm stellen.
- Die Soße passieren, die Schattenmorellen in die Soße geben und 10 Minuten mitköcheln lassen.
- Zuletzt das Johannisbeergelee einrühren und mit Salz und Pfeffer abschmecken.

## BEILAGEN

Butterreis (Rezept S. 165) oder
Roggennudeln (Rezept S. 163)

# Schüsselfleisch

## ZUTATEN

- 1 küchenfertiges Kaninchen (etwa 1,8 kg)
- Salz
- frisch gemahlener schwarzer Pfeffer
- 1/2 TL Majoran
- 125 g durchwachsener Speck
- 2 Zwiebeln
- 30 g Butterschmalz
- 1/4 l Pils
- 1/8 l Fleischbrühe
- je 3 Pfefferkörner, Pimentkörner und Wacholderbeeren
- 1 Lorbeerblatt
- 1 rote Paprikaschote
- 1/4 l saure Sahne
- 1 Dose Maiskörner
- 2 saure Gurken

## ZUBEREITUNG

- Das Kaninchen waschen, trocken tupfen, in 6 Stücke teilen und mit Salz, Pfeffer und Majoran würzen.
- Den Speck in kleine Würfel schneiden, die Zwiebeln schälen und fein hacken.
- In einem Bräter das Butterschmalz erhitzen und Speck und Zwiebeln darin glasig dünsten.
- Die Fleischstücke hineingeben und rundum anbraten.
- Bier angießen, zerdrückte Pfefferkörner, Pimentkörner, Wacholderbeeren und das Lorbeerblatt zufügen.
- Die Paprikaschote putzen, waschen und in feine Streifen schneiden, die Fleischbrühe zufügen und alles bei mittlerer Hitze etwa 50 Minuten garen.
- Das Fleisch herausnehmen, von den Knochen lösen und in mundgerechte Stücke schneiden.
- Die Soße durch ein Sieb geben und saure Sahne und abgetropfte Maiskörner einrühren.
- Die Gurken in kleine Würfel schneiden und mit dem Fleisch in die Soße geben.
- Nochmals erhitzen, aber nicht aufkochen lassen.

## BEILAGEN

Kartoffelklöße (Rezepte S. 148), Speck- (Rezept S. 173) oder Zwiebelbrötchen (Rezept S. 176) und knackiger grüner Salat (Rezept S. 167)

# Kaninchenragout

## ZUTATEN

- 3 Schalotten
- 2 Kaninchenkeulen
- Salz
- frisch gemahlener schwarzer Pfeffer
- 40 g Butterschmalz
- 1/2 Lorbeerblatt
- 6 Wacholderbeeren
- 1/4 l Fleischbrühe
- 3 Tomaten
- 1/2 rote Paprikaschote
- 3 – 4 EL Weinessig
- 1/8 l Schlagsahne

## ZUBEREITUNG

- Die Schalotten schälen und in Viertel schneiden.
- Die Keulen waschen, trocken tupfen und mit Salz und Pfeffer einreiben.
- In einem Topf das Butterschmalz erhitzen und die Keulen darin anbraten.
- Schalotten, Lorbeerblatt und zerdrückte Wacholderbeeren zugeben und die Fleischbrühe angießen und zugedeckt 45 Minuten garen.
- Das Fleisch herausnehmen, von den Knochen lösen und in mundgerechte Stücke schneiden.
- Die Tomaten mit heißem Wasser überbrühen, häuten und in kleine Würfel schneiden.
- Die Paprika waschen, putzen und ebenfalls in kleine Würfel schneiden.
- Tomaten- und Paprikawürfel und die Fleischstücke zur Soße geben.
- Weinessig und Schlagsahne einrühren, alles zum Kochen bringen und kurz aufwallen lassen.
- Mit Salz und Pfeffer abschmecken.

## BEILAGEN

Butterreis (Rezept S. 165) oder
Gemüsereis (Rezept S. 164)

# Kaninchenragout mit Steinpilzen

## ZUTATEN

- 2 EL getrocknete Steinpilze
- 2 Zwiebeln
- 30 g Butterschmalz
- 2 Kaninchenrückenfilets
- Salz
- 6 Wacholderbeeren
- frisch gemahlener schwarzer Pfeffer
- 1/4 l Fleischbrühe
- 1 EL Mehl
- 6 EL Schlagsahne
- 2 EL Kognak oder Weinbrand

## ZUBEREITUNG

- Die Steinpilze waschen und in einer Tasse Wasser einweichen.
- Die Zwiebeln schälen und fein hacken.
- In einem Topf das Butterschmalz erhitzen, das Fleisch hineingeben und auf beiden Seiten je 4 Minuten anbraten.
- Herausnehmen, mit Salz, Pfeffer und zerdrückten Wacholderbeeren würzen und warm stellen.
- Die Zwiebeln in das Bratfett geben und 3 Minuten dünsten.
- Brühe und die Pilze mit dem Einweichwasser zugeben, erhitzen und 10 Minuten leise köcheln lassen.
- Das Mehl mit Sahne verrühren und die Soße damit binden.
- Kognak oder Weinbrand zufügen. Abschmecken.
- Das Fleisch in mundgerechte Stücke schneiden, in die Soße legen und 10 Minuten darin ziehen lassen.

## BEILAGEN

Butterreis (Rezept S. 165),
Gemüsereis (Rezept S. 164) oder
Petersilienkartoffeln (Rezept S. 156)

# Kaninchenragout in Rotwein-Marinade

## ZUTATEN

- 1 küchenfertiges Kaninchen (etwa 1,8 kg)
- Salz
- frisch gemahlener schwarzer Pfeffer
- 2 Zwiebeln
- 2 Lorbeerblätter
- 1 Gewürznelke
- 1/2 l Rotwein
- 2 EL Essig
- 125 g Räucherspeck
- 20 g Butterschmalz
- 1 EL Mehl
- 100 ml Fleischbrühe
- 2 EL Schlagsahne

## ZUBEREITUNG

- Das Kaninchen waschen, trocken tupfen, in 8 Stücke teilen, mit Salz und Pfeffer würzen und in eine Schüssel legen.
- Die Zwiebeln schälen und in Ringe schneiden.
- Mit den Lorbeerblättern und der Gewürznelke zum Fleisch geben, Rotwein und Essig zugießen.
- Die Kaninchenstücke kühl stellen und über Nacht marinieren lassen.
- Das Fleisch herausnehmen und trocken tupfen.
- Den Speck in kleine Würfel schneiden.
- In einem Bräter das Butterschmalz erhitzen, die Speckwürfel hineingeben und knusprig braten.
- Die Fleischstücke dazugeben, ringsum anbraten und mit Mehl bestäuben.
- Die Marinade mit den Zwiebeln und Gewürzen und die Fleischbrühe angießen.
- Erhitzen und zugedeckt 1 Stunde köcheln lassen.
- Das Fleisch herausnehmen, die Knochen entfernen, das Fleisch in mundgerechte Stücke teilen.
- Die Soße passieren, mit Salz und Pfeffer abschmecken und mit Sahne verfeinern.

## BEILAGEN

Butterreis (Rezept S. 165)

# Frikassee

## ZUTATEN

- 1 küchenfertiges Kaninchen (etwa 1,8 kg)
- 1 Zwiebel
- 1/2 l Weißwein (Riesling)
- 1/4 l Fleischbrühe
- 1 Lorbeerblatt
- 1 Thymianzweig
- 1 Petersilienstängel
- 6 Wacholderbeeren
- Salz
- frisch gemahlener schwarzer Pfeffer
- 50 g Butter
- 2 EL Mehl
- Saft von einer 1/2 Zitrone
- 2 Eigelb
- 2 EL gehackte Petersilie

## ZUBEREITUNG

- Das Kaninchen waschen, abtropfen lassen, das Fleisch von den Knochen lösen und in mundgerechte Stücke schneiden.
- Die Zwiebel schälen und fein hacken.
- In einem Topf 1/2 Liter Salzwasser zum Kochen bringen, die Fleischstücke hineingeben und 4 Minuten garen.
- Mit einem Schaumlöffel herausnehmen.
- Weißwein und Fleischbrühe in einen Topf gießen.
- Fleischstücke, Zwiebeln, Thymianzweig, Petersilienstängel, zerdrückte Wacholderbeeren, Salz und Pfeffer zugeben.
- Alles zum Kochen bringen und dann bei mäßiger Hitze etwa 50 Minuten garen.
- Die Fleischstücke herausnehmen.
- Die Soße passieren.
- In einer Kasserolle die Butter erhitzen, das Mehl darin anschwitzen, die Soße zugießen, kurz aufkochen lassen. und vom Herd nehmen.
- Zitronensaft und Eigelb einrühren und die Fleischstücke hineingeben.
- Mit Salz und Pfeffer abschmecken und mit Petersilie bestreut servieren.

## BEILAGEN

Butterreis (Rezept S. 165), Spätzle (Rezept S. 160) oder Eiernudeln (Rezept S. 161)

# Kaninchenschnitzel

## ZUTATEN

- Schnitzel von 4 Kaninchenkeulen
- Salz
- frisch gemahlener schwarzer Pfeffer
- 1 EL mittelscharfer Senf
- 2 EL Mehl
- 2 Eier
- 150 g Semmelbrösel
- Butterschmalz zum Braten
- marinierte Maiskolben und Paprika (Konserve)

## ZUBEREITUNG

- Die Schnitzel waschen, trocken tupfen und mit Salz und Pfeffer einreiben.
- Etwas Senf aufstreichen.
- Zuerst in Mehl, dann in verquirltem Ei und in Semmelbröseln wälzen.
- Alles noch einmal in Ei und Semmelbröseln wälzen.
- In einer Pfanne Butterschmalz erhitzen, die Schnitzel hineingeben und auf beiden Seiten knusprig braten.
- Auf vorgewärmten Tellern anrichten und mit Maiskolben und Paprikastreifen garnieren.

## BEILAGEN

Kartoffelbrei (Rezept S. 159), Kartoffelsalat (Rezept S. 158) oder mit Butter bestrichenes, getoastetes Kräuterbrot (Rezept S. 171)

# Kaninchenschnitzel mit Ananas

## ZUTATEN

- Schnitzel von 4 Kaninchenkeulen
- Salz
- frisch gemahlener schwarzer Pfeffer
- Butterschmalz zum Braten
- 1 EL Butter
- 2 EL Zucker
- 400 g frische, in kleine Würfel geschnittene Ananas
- 1 TL gemahlener Ingwer

## ZUBEREITUNG

- Die Schnitzel waschen, trocken tupfen und mit Salz und Pfeffer einreiben.
- In einer Pfanne das Butterschmalz erhitzen, die Schnitzel hineingeben und auf beiden Seiten knusprig braten.
- In einer anderen Pfanne die Butter erhitzen, den Zucker hineingeben und karamellisieren.
- Die Ananaswürfel zugeben und kurz durchschwitzen.
- Mit Ingwer würzen und über die Schnitzel geben.

## BEILAGEN

Butterreis (Rezept S. 165)

# Appetithappen

# Hacksteaks

## ZUTATEN

- 400 g Kaninchenfleisch ohne Knochen
- 250 g Schweinekamm
- 200 g Semmelbrösel
- 3 Eier
- Salz
- frisch gemahlener schwarzer Pfeffer
- 1/2 TL Pastetengewürz
- 100 ml Madeira
- 2 EL Mehl
- Butterschmalz zum Ausbraten

## ZUBEREITUNG

- Das Fleisch durch den Fleischwolf drehen und in eine Schüssel füllen.
- 100 g Semmelbrösel, 2 Eier, Salz, Pfeffer, Pastetengewürz und Madeira zufügen und alles gut verkneten.
- Kleine Steaks formen und in Mehl wenden.
- Das dritte Ei verquirlen, die Steaks hindurchziehen und mit den restlichen Semmelbröseln panieren.
- In einer Pfanne Butterschmalz erhitzen, die Hacksteaks hineingeben und auf beiden Seiten knusprig braten.

## BEILAGEN

Kräuterbrot (Rezept S. 171) oder
Kartoffelbrei (Rezept S. 159)

# Klopse mit Füllung

## ZUTATEN

- 500 g Kaninchenfleisch ohne Knochen
- 100 g durchwachsener Speck
- 2 Zwiebeln
- 2 Knoblauchzehen
- 1 Bund Petersilie
- 200 g Semmelbrösel
- 2 Eier
- 1/8 l Schlagsahne
- Salz
- frisch gemahlener schwarzer Pfeffer
- 4 Äpfel
- 50 g Butter
- Butterschmalz zum Ausbacken
- Semmelbrösel zum Panieren
- frische Salatblätter (z. B. Chicorée oder Radicchio)

## ZUBEREITUNG

- Das Fleisch waschen, trocken tupfen, mit dem Speck durch den Fleischwolf drehen und in eine Schüssel füllen.
- Die Zwiebeln und die Knoblauchzehen schälen und fein hacken.
- Die Petersilie waschen, abtropfen lassen und ebenfalls fein hacken.
- Zwiebeln, Knoblauch, Petersilie, 100 g Semmelbrösel, Eier, Schlagsahne, Salz und Pfeffer zum Fleisch geben und alles gut vermischen.
- Die Äpfel waschen und das Kerngehäuse entfernen.
- Dann die Äpfel schälen und in 1 cm dicke Scheiben schneiden.
- In einer Pfanne die Butter erhitzen, die Apfelscheiben hineingeben und 1 Minute durchschwenken und herausnehmen.
- Aus der Fleischmasse Klopse formen und in die Mitte jeweils eine Apfelscheibe geben, dabei die Ränder gut zusammendrücken.
- In den restlichen Semmelbröseln wenden.
- In einer Pfanne Butterschmalz erhitzen, die Klopse hineingeben und auf jeder Seite etwa 5 Minuten knusprig braten.
- Herausnehmen und auf Salatblättern anordnen.

## BEILAGEN

Kartoffelsalat (Rezept S. 158),
Speckbrötchen (Rezept S. 173) oder
Kräuterhörnchen (Rezept S. 174)

# Kaninchenbällchen mit Blattsalat

## ZUTATEN

Für die Kaninchenbällchen:

- 1 Brötchen
- 500 g gegartes Kaninchenfleisch
- 100 g Räucherspeck
- 1 Ei
- Salz
- frisch gemahlener schwarzer Pfeffer
- 2 Scheiben Ananas (Konserve)
- 6 Walnüsse
- 4 zerdrückte Wacholderbeeren
- 4 EL Semmelbrösel
- Butterschmalz zum Ausbacken

Für den Blattsalat:

- 1 Kopf grüner Salat
- 1 rote und 1 grüne Paprikaschote
- 4 Tomaten
- 1 Schalotte
- 2 EL Weinessig
- 1 EL Senf
- 2 EL Sonnenblumenöl
- Salz
- frisch gemahlener weißer Pfeffer
- 8 Walnüsse

## ZUBEREITUNG

- Das Brötchen in Wasser einweichen.
- Das Fleisch mit dem Speck durch den Fleischwolf drehen und in eine Schüssel geben.
- Das ausgedrückte Brötchen, Ei, Salz und Pfeffer untermengen.
- Die Ananasscheiben in kleine Würfeln schneiden, die Walnüsse von der Schale befreien und zerkleinern.
- Ananasstücke, Walnüsse und die zerdrückten Wacholderbeeren in die Fleischmasse einarbeiten.
- Aus der Fleischmasse kleine Bällchen formen und in Semmelbröseln wälzen.
- In einer Pfanne Butterschmalz erhitzen, die Fleischbällchen hineingeben und rundum knusprig braten.
- Den Salat putzen, waschen, abtropfen lassen und in mundgerechten Stücken auf Salattellern anrichten.
- Paprika und Tomaten waschen, in kleine Würfel schneiden und auf den Salatblättern verteilen.
- Aus Weinessig, Senf, Sonnenblumenöl, Salz und Pfeffer eine Soße bereiten und über den Salat gießen.
- Die Walnüsse aus der Schale nehmen, zerkleinern und den Salat damit garnieren.

# Kaninchenbällchen mit Blattsalat

## TIPP

Eine gute Ergänzung zu den Kaninchenbällchen ist Chutney.

## ZUTATEN

- 2 EL Sultaninen
- 1 Zwiebel
- 1/8 l Weinessig
- 125 g Zucker
- 1 saurer Apfel (100 g)
- 500 g Tomaten
- je 1/2 TL Salz,
  scharfer Paprika,
  frisch gemahlener schwarzer Pfeffer
  und Ingwerpulver
- 1 Messerspitze gemahlene Nelken

## ZUBEREITUNG

- Die Sultaninen über Nacht in Wasser einweichen.
- Die Zwiebel schälen und in kleine Würfel schneiden.
- In wenig Wasser glasig dünsten und Essig und Zucker zufügen.
- Den Apfel schälen und in Spalten schneiden, dabei das Kerngehäuse entfernen.
- Die Tomaten waschen, in Achtel schneiden und mit den Apfelspalten und den vorgeweichten Sultaninen zum Essigsud geben.
- Die restlichen Gewürze zufügen, alles zum Kochen bringen und unter Rühren 20 Minuten köcheln lassen.
- In vorbereitete Gläser füllen und luftdicht verschließen.

## BEILAGEN

Kräuterbrot (Rezept S. 171)

# Klopse und Zwiebelsalat

## ZUTATEN

Für die Klopse:
- 1 Brötchen
- 300 g gegartes Kaninchenfleisch (kann Bratenrest sein)
- 200 g Gehacktes vom Schwein
- 2 Eier
- Salz
- frisch gemahlener schwarzer Pfeffer
- 1 Messerspitze scharfer Paprika

Außerdem:
- 2 EL Mehl
- 1 Ei
- 100 g Semmelbrösel
- Butterschmalz zum Braten

Für den Zwiebelsalat:
- 500 g Zwiebeln
- 1 rote Paprikaschote
- 1 Tomate

Für die Salatsoße:
- 4 EL Sonnenblumenöl
- 4 EL Weinessig
- 1 EL mittelscharfer Senf
- 2 EL gehackte Kräuter (Petersilie, Schnittlauch)
- 1 TL Salz
- frisch gemahlener weißer Pfeffer

## BEILAGEN

Zwiebelbrötchen (Rezept S. 176) oder Kräuterhörnchen (Rezept S. 174)

# Klopse und Zwiebelsalat

## ZUBEREITUNG

- Für die Klopse das Brötchen in Wasser einweichen.
- Das Kaninchenfleisch durch den Fleischwolf drehen und mit dem Gehackten vermengen. Eier, Salz, Pfeffer und Paprika zufügen und alles gut vermischen.
- Handtellergroße Klopse formen, zuerst in Mehl, dann in verquirltem Ei und zuletzt in den Semmelbröseln wenden.
- In einer Pfanne das Butterschmalz erhitzen und die Klopse darin knusprig ausbraten.
- Heiß oder kalt servieren.

- Für den Salat die Zwiebeln schälen, halbieren, in Streifen schneiden und in eine Schüssel geben.
- 1/8 Liter Salzwasser zum Kochen bringen und über die Zwiebelstreifen gießen.
- Etwa 5 Minuten ziehen lassen und dann das Wasser abgießen.
- Paprika und Tomate waschen, in kleine Würfel schneiden und mit den Zwiebeln vermischen.
- Aus Öl, Essig, Senf, Salz und Pfeffer eine Soße bereiten und über den Salat gießen.
- Zuletzt die Kräuter darauf streuen und servieren.

# Buntes Brot

## ZUTATEN

- 1 Herrenbrot
- 3 Knoblauchzehen
- 5 EL Olivenöl
- 2 EL Tomatenmark
- 4 Tomaten
- 1/2 Salatgurke
- 4 Schalotten
- einige Blätter Kopfsalat
- 300 g gegartes Kaninchenfleisch
- 1 EL Zitronensaft
- Salz
- frisch gemahlener weißer Pfeffer
- 1 EL gehackte Petersilie
- Alufolie

## ZUBEREITUNG

- Das Herrenbrot der Länge nach durchschneiden und mit einem Löffel aushöhlen.
- Die Knoblauchzehen schälen, fein hacken und mit 3 Esslöffeln Olivenöl vermischen.
- Das Brotinnere damit ausstreichen.
- Darauf Tomatenmark geben.
- Die Tomaten und die Gurke waschen und in dünne Scheiben schneiden.
- Die Schalotten putzen und ebenfalls in feine Scheiben schneiden.
- Kopfsalatblätter putzen, waschen und in mundgerechte Stücke teilen.
- Das Fleisch in kleine Würfel schneiden.
- Das Brot abwechselnd mit Tomaten, Gurke, Schalotten, Salatblättern und Kaninchenfleisch füllen.
- Das restliche Olivenöl mit Zitronensaft, Salz, Pfeffer und Petersilie vermischen und auf die Brotfüllung geben.
- In Alufolie verpacken und 2 Stunden im Kühlschrank ziehen lassen.

## BEILAGEN

Knackiger grüner Salat (Rezept S. 167)

# Kaninchen im Teig

## ZUTATEN

Für den Teig:
- 500 g Mehl
- 40 g Hefe
- 1/8 l Milch
- 125 g Butter

Für die Füllung:
- 5 Zwiebeln
- 30 g Butterschmalz
- Salz
- 2 EL Curry
- 150 ml herber Weißwein
- 400 g gegartes Kaninchenfleisch
- 200 g Gehacktes vom Schwein
- 2 Eier
- frisch gemahlener weißer Pfeffer
- etwas scharfer Paprika
- 1/2 TL gemahlener Kümmel
- 1 EL Tomatenmark
- 100 g Semmelbrösel

Außerdem:
- 2 Eigelb zum Bestreichen
- Butter für das Backblech

## ZUBEREITUNG

- Das Mehl in eine Schüssel sieben und in die Mitte eine Vertiefung drücken.
- Die Hefe in etwas lauwarmer Milch verquirlen und in die Vertiefung gießen, etwas Mehl darüber stäuben und zugedeckt 20 Minuten gehen lassen.
- Alles zu einem Teig verarbeiten, dabei die Butter in Flöckchen zufügen und 30 Minuten zugedeckt gehen lassen.
- Inzwischen die Zwiebeln schälen und in Scheiben schneiden.
- In einer Pfanne Butterschmalz erhitzen, die Zwiebeln darin glasig werden lassen.
- Mit Salz und Curry würzen, Weißwein angießen und alles so lange schmoren lassen, bis die Flüssigkeit fast verdampft ist.
- Das Kaninchenfleisch durch den Fleischwolf drehen und mit dem Gehackten vermischen.
- Das Fleisch mit den Zwiebeln, Eiern, Pfeffer, Salz, Paprika, Kümmel, Tomatenmark und Semmelbröseln vermischen und kurz durchkneten.
- Den gegangenen Teig nochmals durchkneten und zu einem Rechteck ausrollen.
- Die Füllung aufstreichen.
- An den Seiten den Teig etwas einschlagen und von der Längsseite her aufrollen.
- Zu einem Horn formen und mit verquirltem Eigelb bestreichen.
- Auf ein gebuttertes Backblech geben und im vorgeheizten Backofen bei 200 °C etwa 60 Minuten backen.
- Heiß servieren.

# Deftige Pastete

## ZUTATEN

Für den Teig:

- 250 g Mehl
- 1 gestrichener TL Backpulver
- 100 g Butter
- 1 Ei
- Salz

Für die Füllung:

- 2 Zwiebeln
- 1 Knoblauchzehe
- 8 Tomaten
- 30 g Butterschmalz
- Salz
- 400 g gegartes Kaninchenfleisch
- 1 EL gehackte Kräuter (Petersilie, Schnittlauch, Dill)
- frisch gemahlener schwarzer Pfeffer
- 1/2 TL Thymian
- 50 g Semmelbrösel

Außerdem:

- Butter für das Backblech
- Eigelb zum Bestreichen

## ZUBEREITUNG

- Mehl und Backpulver in eine Schüssel sieben und in die Mitte eine Vertiefung drücken.
- Butter, Ei und Salz in die Vertiefung geben.
- Von der Mitte aus rasch einen glatten Teig bereiten und diesen 2 Stunden kühl stellen.
- Für die Füllung die Zwiebeln und die Knoblauchzehe schälen und fein hacken.
- Die Tomaten waschen und in Würfel schneiden.
- In einer Pfanne Butterschmalz erhitzen, die Zwiebeln hineingeben und kurz andünsten.
- Tomaten und Knoblauch zugeben.
- 10 Minuten köcheln lassen.
- Vom Herd nehmen, salzen und auskühlen lassen.
- Das Kaninchenfleisch in kleine Würfel schneiden und mit dem Tomatengemisch, den Kräutern, Gewürzen und Semmelbröseln vermischen.
- Den Teig 3 mm dick ausrollen und in 15 x 15 cm große Quadrate schneiden.
- Auf jedes Quadrat etwas von der Füllung geben, die Ränder fest zusammendrücken und die Pasteten mit Eigelb bestreichen.
- Ein Backblech ausbuttern, die Pasteten daraufsetzen und im vorgeheizten Backofen bei 200 °C (Umluft 180 °C) etwa 40 Minuten backen und heiß servieren.

# Hubertusspieß mit Zwiebel-Orangen-Salat

## ZUTATEN

Für den Hubertusspieß:

- 400 g ausgelöstes Kaninchenfleisch
- Salz
- 2 EL Olivenöl
- 8 Ananasscheiben
- 250 g Schinkenspeck

Für den Salat:

- 375 g rote Zwiebeln
- 8 Orangen
- 15 schwarze, entkernte Oliven
- 2 EL Olivenöl
- Saft von einer halben Zitrone
- Salz
- 1 kräftige Prise Zucker

## ZUBEREITUNG

- Das Fleisch salzen, mit Öl bepinseln und in Würfel schneiden.
- Die Ananasscheiben abtropfen lassen und ebenfalls in Würfel schneiden.
- Den Speck in dünne Streifen schneiden und die Speckstreifen um die Ananaswürfel wickeln.
- Abwechselnd Kaninchenfleisch und in Speck verpackte Ananas auf Spieße reihen und grillen.
- Für den Salat die Zwiebeln schälen, halbieren, in dünne Scheiben schneiden und in eine Schüssel geben.
- Die Orangen schälen, in Spalten teilen, dabei die weiße Haut entfernen und mit den Zwiebelscheiben vermengen.
- Oliven zufügen.
- Aus Olivenöl, Zitronensaft, Salz und Zucker eine Marinade bereiten und über den Salat geben.
- Zugedeckt im Kühlschrank eine Stunde durchziehen lassen.

## BEILAGEN

Kräuterbrot (Rezept S. 171)

# Kartoffelkuchen mit Kaninchenfülle

## ZUTATEN

Für den Teig:

- 300 g mehlig kochende Kartoffeln
- 500 g Mehl
- 1/2 Päckchen Backpulver
- 80 g Butter
- 2 Eier
- Salz
- 1/8 l Milch

Für die Füllung:

- 400 g Kaninchenfleisch
- 50 g Butter
- 1 Stück Ingwer (50 g)
- 200 g in Kognak oder Weinbrand marinierte Orangen- und Ananaswürfel

Außerdem:

- Butter für das Backblech
- 1 Eigelb und 2 EL Milch zum Bestreichen

## ZUBEREITUNG

- Die Kartoffeln in der Schale kochen, pellen, durch die Kartoffelpresse drücken und in eine Schüssel füllen.
- Das Mehl mit dem Backpulver vermischen und über die Kartoffelmasse sieben.
- Butter, Eier, Salz und Milch einarbeiten.
- Das Kaninchenfleisch in Würfel schneiden.
- Die Ingwerknolle dünn schälen und auf einer feinen Reibe raspeln.
- Mit den Orangen- und Ananaswürfeln und dem Fleisch vermengen.
- Ein Backblech ausbuttern.
- Die Hälfte des Teiges ausrollen, auf das Backblech geben und mit der Füllung bestreichen.
- Die andere Teighälfte ebenfalls ausrollen und auf die Füllung geben.
- Die Ränder fest zusammendrücken.
- Eigelb und Milch verrühren und auf den Teig streichen.
- Im vorgeheizten Backofen bei 200 °C (Umluft 180 °C) etwa 40 Minuten backen.
- Noch heiß in Stücke schneiden.

Variante

Das Kaninchenfleisch kann man auch mit marinierten Paprika- und Gurkenwürfeln verfeinern.

# Kartoffelkuchen mit Kaninchenfülle

## TIPP

Halbierte, entkernte Rotwein-Pflaumen oder Zwiebel-Relish sind eine gute, pikante Ergänzung.

## ZUTATEN

Für die Rotwein-Pflaumen:

- 1/4 l Rotwein
- 1/8 l Weinessig
- 250 g Zucker
- 1 Stück Zimtringe
- 1 Gewürznelke
- 400 g Pflaumen

## ZUBEREITUNG

- Den Sud etwas einkochen und über die Pflaumen gießen und die Gläser zuschrauben.
- Nach 2 Tagen haben die Pflaumen das gewünschte Aroma.

## ZUTATEN

Für das Zwiebel-Relish:

- 500 g Zwiebeln
- 1 Paprikaschote
- 2 EL Sonnenblumenöl
- 1/4 l Weißwein
- 6 EL Weinessig,
- 1 TL Salz
- 1 kräftige Prise Zucker
- frisch gemahlener schwarzer Pfeffer

## ZUBEREITUNG

- Die Zwiebeln und die Paprikaschote putzen und in Würfel schneiden.
- Das Öl in einem Topf erhitzen, die Zwiebel- und Paprikawürfel hineingeben und andünsten.
- Weißwein, Essig, Salz, Zucker und Pfeffer zugeben und alles zugedeckt eine Stunde köcheln lassen.
- Noch heiß in Gläser füllen und verschließen.

## BEILAGEN

Knackiger grüner Kopfsalat (Rezept S. 167)

# Scharfer Spieß

## ZUTATEN

- 500 g Kaninchenfleisch ohne Knochen
- 1 rote und 1 gelbe Paprikaschote
- 3 kleine Äpfel
- 2 Tomaten
- 4 EL Sonnenblumenöl
- Salz
- frisch gemahlener schwarzer Pfeffer

## ZUBEREITUNG

- Das Kaninchenfleisch in mundgerechte Stücke schneiden.
- Die Paprikaschoten putzen, waschen und in Stücke schneiden.
- Die Äpfel waschen, das Kerngehäuse ausstechen und ungeschält in Scheiben schneiden.
- Tomaten waschen und ebenfalls in Scheiben schneiden.
- Abwechselnd Fleisch, Paprika, Apfel- und Tomatenscheiben auf 4 Spieße reihen.
- Mit Öl bepinseln und mit Salz und Pfeffer würzen.
- Im heißen Grill garen.

## BEILAGEN

Kräuterhörnchen (Rezept S. 174) oder
Hörnchen mit Fleischfülle (Rezept S. 175)

# Spießbraten

## ZUTATEN

- 1 küchenfertiges Kaninchen (etwa 1,8 kg)
- 200 g Räucherspeck
- Sonnenblumenöl
- etwas helles Bier
- Salz
- frisch gemahlener schwarzer Pfeffer

## ZUBEREITUNG

- Das Kaninchen waschen, trocken tupfen und innen und außen mit Salz und Pfeffer einreiben.
- Den Speck in dünne Streifen schneiden.
- Keulen, Läufe und Rücken mit Räucherspeck spicken und alles mit Öl bepinseln.
- Auf einen Spieß stecken und unter häufigem Drehen über Holzkohlenglut etwa 60 Minuten garen.
- Hin und wieder mit Bier und Öl beträufeln.

## BEILAGEN

Kartoffelsalat (Rezept S. 158)

# Kaninchenbratlinge mit Reis

## ZUTATEN

- 125 g Langkornreis
- 2 Zwiebeln
- 2 Knoblauchzehen
- 100 g Butterschmalz
- 500 g Kaninchenfleisch ohne Knochen
- 125 g Räucherspeck
- 2 Eier
- 1 EL scharfer Senf
- 3 EL gehackte Petersilie
- Salz
- frisch gemahlener schwarzer Pfeffer
- 2 EL Sojasoße
- 1/2 TL Zucker

## ZUBEREITUNG

- Den gewaschenen Reis zusammen mit Salz und 1/4 Liter Wasser in einen Topf geben, zum Kochen bringen und bei mäßiger Hitze 20 Minuten ausquellen lassen.
- Die Zwiebeln und die Knoblauchzehen schälen und fein hacken.
- In einer Pfanne 1 Esslöffel Butterschmalz erhitzen, die Zwiebeln und den Knoblauch hineingeben, glasig dünsten und auskühlen lassen.
- Das Kaninchenfleisch und den Speck durch den Fleischwolf drehen und in eine Schüssel geben.
- Den gegarten Reis, die gedünsteten Zwiebeln und den Knoblauch, Eier, Senf, Petersilie, Pfeffer, Sojasoße und Zucker hineingeben und alles gut vermischen.
- Handtellergroße Klopse formen.
- Das restliche Butterschmalz in einer Pfanne erhitzen, die Klopse hineingeben und auf beiden Seiten je 5 Minuten knusprig braten.

## BEILAGEN

Glasierte Schalotten (Rezept S. 170)

# Pasteten mit würziger Füllung

## ZUTATEN

- 8 Pastetenhüllen (vom Bäcker)

Für die Füllung:

- 400 g gegartes Kaninchenfleisch ohne Knochen
- 125 g Räucherspeck
- 1 Zwiebel
- 1 EL Butterschmalz
- 2 EL Mehl
- 1/8 l Fleischbrühe
- 1/8 l Rotwein
- 1/8 l saure Sahne
- 1 EL Tomatenmark
- Salz
- frisch gemahlener schwarzer Pfeffer
- 4 Wacholderbeeren
- 2 EL gegarte, fein geschnittene Pfifferlinge

## ZUBEREITUNG

- Für die Füllung das Fleisch und den Speck in kleine Würfel schneiden.
- Die Zwiebel schälen und fein hacken.
- In einer Pfanne das Butterschmalz erhitzen, den Speck darin anbraten, die Zwiebelwürfel zufügen und glasig werden lassen.
- Alles mit Mehl bestäuben und gut verrühren.
- Fleischbrühe, Rotwein, saure Sahne und Tomatenmark einrühren und mit Salz, Pfeffer und zerdrückten Wacholderbeeren würzen.
- Alles kurz aufkochen lassen.
- Zuletzt die Fleischwürfel und die Pfifferlinge untermischen.
- Die Pastetenhüllen im vorgeheizten Backofen bei 200 °C (Umluft 180 °C) 2–3 Minuten erhitzen und mit der Fleischmasse füllen.

## BEILAGEN

Glasierte Schalotten (Rezept S. 170)

# Partywürstchen

## ZUTATEN

- 750 g Kaninchenfleisch ohne Knochen
- 2 Zwiebeln
- 2 Knoblauchzehen
- 1 EL Butter
- 3 Eier
- 2 EL frische, gehackte Kräuter (Petersilie, Schnittlauch, Estragon, Dill, Basilikum)
- Butterschmalz zum Braten

## ZUBEREITUNG

- Das Fleisch durch den Fleischwolf drehen und in eine Schüssel geben.
- Die Zwiebeln und die Knoblauchzehen schälen und fein hacken.
- In einer Pfanne die Butter zerlassen, die Zwiebeln darin glasig werden lassen.
- Herausnehmen und mit dem Knoblauch und den Eiern zur Fleischmasse geben.
- Zuletzt die Kräuter untermischen.
- Würstchen formen.
- In einer Pfanne das Butterschmalz erhitzen, die Würstchen hineingeben und ringsum goldbraun braten.

# Partywürstchen

## TIPP

Dazu schmeckt eine Schnittlauch- oder Senfsoße.

## ZUBEREITUNG

- Für die Schnittlauchsoße zerdrückt man mit einer Gabel 3 hart gekochte Eigelb und vermengt sie mit 3 Esslöffeln Olivenöl, 3 Esslöffeln Weinessig und 1 Esslöffel scharfem Senf, würzt mit etwas Salz und Zucker und vermischt alles mit 4 Esslöffeln gehacktem Schnittlauch.
- Für die Senfsoße erhitzt man in einer Pfanne 1 Esslöffel Butter und lässt darin 1 Esslöffel gehackte Zwiebeln glasig werden.
- Dann stäubt man 1 Esslöffel Mehl darüber, gießt 1/4 Liter Fleischbrühe an und lässt alles bei kleiner Hitze 8 Minuten köcheln.
- Dann verrührt man 1 Esslöffel scharfen Senf mit einem Eigelb und 2 Esslöffeln Schlagsahne und rührt das unter die nicht mehr kochende Soße.
- Zuletzt gibt man 1 – 2 Esslöffel Zitronensaft dazu und schmeckt alles mit Salz ab.

## BEILAGEN

Weißbrot, Kräuterbrot (Rezept S. 171) oder Kartoffelsalat (Rezept S. 158)

# Kaninchenröllchen mit Chicoréesalat

## ZUTATEN

Für die Kaninchenröllchen:

- 300 g gegartes Kaninchenfleisch
- 150 g gekochter Schinken
- 125 g gegarte Mischpilze
- 150 g Semmelbrösel
- 50 ml saure Sahne
- 2 Eigelb
- Salz
- frisch gemahlener schwarzer Pfeffer
- 1 Ei
- je 2 EL Semmelbrösel und gehackte Haselnüsse zum Panieren
- Butterschmalz zum Braten

Für den Salat:

- 250 g Chicorée
- 2 unbehandelte Orangen
- 1 Banane

Für die Salatsoße:

- 4 EL Zitronensaft
- 2 EL Olivenöl
- 1 EL Zucker
- 1 EL geröstete Mandelsplitter

# Kaninchenröllchen mit Chicoréesalat

## ZUBEREITUNG

- Kaninchenfleisch, Schinken und Pilze durch den Fleischwolf drehen.
- Mit Semmelbröseln, saurer Sahne, Eigelb, Salz und Pfeffer vermischen.
- Aus der Masse kleine Röllchen formen.
- Das Ei verquirlen, Semmelbrösel und Haselnüsse vermischen, die Röllchen zuerst in Ei, dann in der Bröselmasse wälzen.
- In einer Pfanne Butterschmalz erhitzen und die Röllchen darin rundum goldgelb ausbacken.
- Für den Salat den Chicorée waschen, feinstreifig schneiden und in eine Schüssel geben.
- Die Orangen heiß abwaschen, dünn schälen und etwas Schale beiseite legen.
- Die geschälten Orangen in Spalten teilen und die weiße Haut entfernen.
- Die Fruchtfilets aus den Trennhäuten schneiden.
- Die Banane schälen und schräg in Scheiben schneiden.
- Die Früchte zum Chicorée geben.
- Zitronensaft, Olivenöl und Zucker vermischen und über den Salat gießen.
- Die zur Seite gelegte Orangenschale in hauchzarte Streifen schneiden und zusammen mit den Mandelsplittern auf dem Salat verteilen.

## BEILAGEN

Kräuterbrot (Rezept S. 171) oder
Kräuterhörnchen (Rezept S. 174)

# Pastete mit Kruste

## ZUTATEN

Für den Teig:

- 500 g Mehl,
- 250 g Butter
- Salz
- 2 Eier

Für die Füllung:

- 1 Brötchen
- 700 g Kaninchenfleisch ohne Knochen
- 200 g Schweinebauch
- 100 g Kaninchenleber
- 100 g Räucherspeck
- 2 Zwiebeln
- 2 Knoblauchzehen
- 2 EL Kognak oder Weinbrand
- 1 Ei
- Salz
- frisch gemahlener schwarzer Pfeffer
- Pastetengewürz (fertige Mischung)
- 2 EL gehackte Petersilie
- 6 EL gegarte, fein geschnittene Champignons

Außerdem:

- Butter für die Kastenform
- 1 Eigelb
- 6 EL Johannisbeergelee
- 4 EL Madeira

# Pastete mit Kruste

## ZUBEREITUNG

- Das Mehl in eine Schüssel sieben und in die Mitte eine Vertiefung drücken.
- Die Butter in Flöckchen, Salz, Eier und 2 Esslöffel Wasser in die Vertiefung geben.
- Von der Mitte aus rasch einen Teig kneten und 2 Stunden in den Kühlschrank stellen.
- Für die Füllung das Brötchen in Wasser einweichen.
- Das Kaninchenfleisch, den Schweinebauch, die Kaninchenleber und den Speck durch den Fleischwolf drehen und in eine Schüssel geben.
- Die Zwiebeln und die Knoblauchzehen schälen und fein hacken.
- Mit der Petersilie, dem ausgedrückten Brötchen, dem Ei, Salz, Pfeffer, Pastetengewürz, Kognak oder Weinbrand und den Champignons zum Fleisch geben und gut vermischen.
- Zwei Drittel des Teiges 5 mm dick ausrollen.
- Eine Kastenform ausbuttern, die ausgerollte Teigplatte hineingeben und einen Rand hochziehen.
- Die Fleischmasse darauf verteilen.
- Vom restlichen Teig etwas zum Verzieren beiseite legen.
- Die Hauptmasse ausrollen und auf die Fleischmasse legen, verzieren und mit Eigelb bepinseln.
- Mehrere Löcher einstechen, damit der beim Backen entstehende Dampf abziehen kann.
- Im vorgeheizten Backofen bei 200 °C 70 Minuten backen.
- Johannisbeergelee und Madeira verrühren, in die Teigöffnung der Pastete eingießen und servieren.

## BEILAGEN

Blattsalat

# Partypastetchen

## ZUTATEN

Für den Teig:

- 500 g Blätterteig (tiefgekühlt)
- 2 Eigelb

Für die Füllung:

- 300 g Kaninchenfleisch ohne Knochen
- 100 g Kaninchenleber
- 150 g Räucherspeck
- 1 Zwiebel
- 2 Knoblauchzehen
- 1 Ei
- Salz
- frisch gemahlener schwarzer Pfeffer
- 4 EL gegarte Champignonscheiben
- 1 EL gehackte Petersilie

## ZUBEREITUNG

- Den Blätterteig nach Packungsvorschrift auftauen und auf bemehlter Fläche 3 mm dick ausrollen.
- Dreiecke, Vierecke oder Kreise ausschneiden.
- Eigelbe mit 1 Esslöffel Wasser verquirlen und den Rand der Teigböden damit bestreichen.
- Für die Füllung das Kaninchenfleisch, die Kaninchenleber und den Räucherspeck durch den Fleischwolf drehen und in eine Schüssel füllen.
- Die Zwiebel und die Knoblauchzehen schälen, fein hacken und mit dem Ei, Salz, Pfeffer, den Champignonscheiben und der Petersilie zum Fleisch geben.
- Alles zu einem geschmeidigen Teig verkneten.
- Jeweils 1 Esslöffel von der Fleischfüllung in die Mitte eines Teigstückes setzen und ein passendes Teigstück darüber legen und die Ränder fest zusammendrücken.
- Ein Backblech mit Wasser befeuchten, die Pastetchen daraufsetzen und mit einem Holzstäbchen mehrmals einstechen.
- Mit dem restlichen Eigelb bestreichen.
- Nach Belieben mit Teigstreifen oder Teigrosetten verzieren.
- Im vorgeheizten Backofen bei 200 °C (Umluft 180 °C) etwa 25 Minuten backen.

# Fleischtaschen

## ZUTATEN

Für den Teig:
- 300 g Mehl
- 20 g Hefe
- $^1/_8$ l Milch
- $^1/_2$ TL Salz
- 100 g Butter

Für die Füllung:
- 350 g Kaninchenfleisch ohne Knochen
- 150 g Schweinebauch
- 100 g Räucherspeck
- 2 EL Sardellenpaste
- Salz
- frisch gemahlener schwarzer Pfeffer

Außerdem:
- Butter für das Backblech

## ZUBEREITUNG

- Das Mehl in eine Schüssel sieben und in die Mitte eine Vertiefung drücken.
- Die Hefe in etwas lauwarmer Milch verquirlen und in die Vertiefung gießen.
- Etwas Mehl darüber stäuben und zugedeckt 20 Minuten gehen lassen.
- Auf den Mehlrand das Salz und die Butter in Flöckchen geben.
- Von der Mitte her einen geschmeidigen Teig bereiten, dabei die restliche Milch einarbeiten und zugedeckt 1 Stunde gehen lassen.
- Nochmals durchkneten und auf bemehlter Fläche $^1/_2$ cm dick ausrollen.
- Quadrate von 12 cm Seitenlänge ausschneiden.
- Für die Füllung das Kaninchen- und Schweinefleisch und den Speck durch den Fleischwolf drehen und in eine Schüssel füllen.
- Mit Sardellenpaste, Salz und Pfeffer pikant abschmecken.
- Mit einem Teelöffel jeweils etwas Füllung auf die Teigstücke geben.
- Dann die Teigstücke wie Taschen zusammenklappen und die Ränder fest zusammendrücken.
- Ein Backblech ausbuttern, die Fleischtaschen darauf setzen und im vorgeheizten Backofen bei 200 °C (Umluft 180 °C) etwa 25 Minuten backen.

# Pikante Torte

## ZUTATEN

Für den Teig:

- 300 g Mehl
- 1 gestrichener TL Backpulver
- 125 g kalte Butter
- 2 Eier
- 1/2 TL Salz

Für den Belag:

- 125 g durchwachsener Speck
- 2 Zwiebeln
- 2 Knoblauchzehen
- 1 EL Butterschmalz
- 2 rote und 2 grüne Paprikaschoten
- 500 g Zucchini
- 300 g gegartes Kaninchenfleisch
- Salz
- frisch gemahlener schwarzer Pfeffer
- 1/2 TL Oregano
- 2 EL geriebener Parmesankäse

Außerdem:

- Butter für das Backblech
- 2 EL Öl für den Teigboden

## ZUBEREITUNG

- Das Mehl mit dem Backpulver vermischen und in eine Schüssel sieben.
- In die Mitte eine Vertiefung drücken und die Butter in Flöckchen, Eier und Salz in die Vertiefung geben und alles von der Mitte her zu einem glatten Teig verkneten. Eine Stunde kalt stellen.
- Auf bemehlter Fläche ausrollen und in eine ausgebutterte Springform füllen.
- Für den Belag den Speck in kleine Würfel schneiden.
- Die Zwiebeln und die Knoblauchzehen schälen.
- Die Zwiebeln in Ringe schneiden, den Knoblauch fein hacken.
- In einer Pfanne das Butterschmalz erhitzen, die Speckwürfel hineingeben und auslassen.
- Zwiebelringe zufügen und goldgelb braten.
- Vom Herd nehmen, den Knoblauch einrühren.
- Die Paprikaschoten waschen, putzen und in Streifen schneiden.
- Die Zucchini waschen und in Scheiben schneiden.
- Das Kaninchenfleisch in kleine Streifen schneiden.
- Den Teigboden mit Öl bepinseln.
- Die Zwiebel-Speck-Mischung, Paprikastreifen, Zucchinischeiben und das Kaninchenfleisch darauf geben und mit Salz, Pfeffer und Oregano würzen.
- Mit Käse bestreuen.
- Im vorgeheizten Backofen bei 200 °C (Umluft 180 °C) etwa 35 Minuten backen.

# Kaninchenpastete

## ZUTATEN

- 400 g Blätterteig (tiefgekühlt)
- 500 g Kaninchenfleisch ohne Knochen
- 125 g Räucherspeck
- 500 g Kalbsbratwurstfüllung (vom Fleischer)
- Salz
- frisch gemahlener schwarzer Pfeffer
- 6 Wacholderbeeren
- 1 TL Thymian
- 3 EL Kognak oder Weinbrand
- 20 g Pistazien
- 2 Eigelb

Außerdem:

- Butter für das Backblech
- Johannisbeergelee

## ZUBEREITUNG

- Den Blätterteig nach Anweisung auf der Packung auftauen und zu einem 2 mm dicken Rechteck ausrollen.
- Für die Füllung das Fleisch und den Speck durch den Fleischwolf drehen und in eine Schüssel füllen.
- Bratwurstfüllung, Salz, Pfeffer, zerdrückte Wacholderbeeren, Thymian, Kognak oder Weinbrand und Pistazien zugeben und einen geschmeidigen Teig bereiten.
- Die Fleischmasse auf einer Teighälfte verteilen, die andere Teighälfte darüber schlagen und mit verquirltem Eigelb bestreichen und mehrmals mit einer Gabel einstechen, damit der beim Backen entstehende Dampf entweichen kann.
- Die Ränder fest zusammendrücken.
- Nach Belieben die Teigrolle mit Teigresten verzieren.
- Die Rolle 1 Stunde in den Kühlschrank stellen und anschließend im vorgeheizten Backofen bei 200 °C etwa 35 Minuten backen.
- Herausnehmen, in Scheiben schneiden und auf jede Scheibe etwas Johannisbeergelee geben.

# Beilagen

# Thüringer Klöße

## ZUTATEN

- 2 Brötchen
- 40 g Butter
- 2,5 kg mehlig kochende Kartoffeln
- Salz

## ZUBEREITUNG

- Die Brötchen in kleine Würfel schneiden.
- In einer Pfanne die Butter erhitzen und die Brötchenwürfel darin goldgelb rösten.
- Die Kartoffeln schälen und waschen.
- Ein Drittel davon grob zerkleinern und in Salzwasser weich kochen.
- Das Wasser bis auf einen kleinen Teil abgießen und einen dickflüssigen Kartoffelbrei bereiten.
- In eine Schüssel etwas kaltes Wasser geben, die restlichen Kartoffeln hineinreiben.
- Die Masse durch ein Tuch pressen, dabei die Flüssigkeit in einem Gefäß auffangen, sodass sich die Stärke absetzen kann.
- In einem Topf Salzwasser zum Kochen bringen.
- Den Kartoffelbrei ebenfalls kurz aufkochen lassen und sofort über die geriebene Kartoffelmasse gießen.
- Die abgesetzte Stärke und einen Teelöffel Salz zugeben und alles rasch verkneten.
- Mit nassen Händen Klöße formen und in die Mitte einige Brötchenwürfel geben.
- Die Klöße in das kochende Salzwasser legen und im siedenden Wasser 20 Minuten ziehen lassen.

# Watteklöße

## ZUTATEN

- 2 Brötchen
- 40 g Butter
- 1 kg mehlig kochende Kartoffeln
- 2 Eier
- 80 g Kartoffelmehl
- Salz
- 1 Messerspitze
  abgeriebene Muskatnuss

## ZUBEREITUNG

- Die Brötchen in kleine Würfel schneiden.
- In einer Pfanne die Butter erhitzen und die Brötchenwürfel darin goldgelb rösten.
- Die Kartoffeln in der Schale gar kochen, pellen und durch die Kartoffelpresse drücken.
- Die Kartoffelmasse mit den Eiern, Kartoffelmehl, Salz und Muskat verkneten.
- In einem Topf Salzwasser zum Kochen bringen.
- Aus dem Teig mit nassen Händen Klöße formen, einige Brötchenwürfel in die Mitte geben und in das kochende Salzwasser legen.
- Im siedenden Wasser 20 Minuten ziehen lassen.

# Klöße von gekochten Kartoffeln

## ZUTATEN

- 2 Brötchen
- 40 g Butter
- 1 kg mehlig kochende Kartoffeln
- 1/4 l saure Sahne
- 4 Eier
- 80 g Mehl
- 1 Messerspitze abgeriebene Muskatnuss

## ZUBEREITUNG

- Die Brötchen in kleine Würfel schneiden.
- In einer Pfanne die Butter erhitzen, die Brötchenwürfel darin goldgelb braten.
- Die Kartoffeln in der Schale kochen, pellen und durch die Kartoffelpresse drücken.
- Sahne, Eier, Mehl, Muskat und Brötchenwürfel einarbeiten.
- In einem Topf Salzwasser zum Kochen bringen.
- Mit bemehlten Händen Klöße formen, in das kochende Salzwasser legen und bei mäßiger Hitze 15 Minuten ziehen lassen.

# Wickelklöße

## ZUTATEN

- 1 kg mehlig kochende Kartoffeln
- 300 g Mehl
- 3 Eier
- 1/8 l Milch
- 500 g durchwachsener Speck
- 2 EL Semmelbrösel
- 1 l klare Fleischbrühe
- 4 EL Kräuter (Petersilie, Schnittlauch, Dill)

## ZUBEREITUNG

- Die Kartoffeln in der Schale kochen, pellen und durch die Kartoffelpresse drücken.
- Mehl, Eier, Salz und Milch zugeben und einen geschmeidigen Teig bereiten.
- Den Speck in kleine Würfel schneiden und knusprig braten.
- Auskühlen lassen.
- Den Teig zu einem 1 cm dicken Rechteck ausrollen, die abgetropften Speckwürfel und die Semmelbrösel daraufgeben.
- Den Teig von der Längsseite her aufrollen und in 4 cm dicke Scheiben schneiden.
- Klöße formen.
- Die Fleischbrühe zum Kochen bringen, die Wickelklöße bei mäßiger Hitze darin 15 Minuten ziehen lassen.
- Mit einem Schaumlöffel herausnehmen, abtropfen lassen und in eine Schüssel füllen.
- Das Speckfett und gehackte Kräuter daraufgeben.

# Klöße mit Meerrettich

## ZUTATEN

- 1 Brötchen
- 30 g Butter
- 1 kg mehlig kochende Kartoffeln
- 4 EL geriebener Meerrettich
- 2 Eier
- 1/2 TL Salz
- 2 EL Weizenmehl
- 2 EL Kartoffelmehl

Außerdem:

- Mehl zum Wälzen

## ZUBEREITUNG

- Das Brötchen in kleine Würfel schneiden.
- In einer Pfanne die Butter erhitzen und die Brötchenwürfel darin goldgelb rösten.
- Die Kartoffeln in der Schale kochen, pellen und durch die Kartoffelpresse drücken.
- Mit Meerrettich, Eiern, Salz, Mehl und Kartoffelmehl vermengen.
- Wenn nötig, 1 bis 2 Esslöffel Wasser zufügen.
- In einem Kloßtopf Salzwasser zum Kochen bringen.
- Aus dem Teig Klöße formen und in die Mitte die Brötchenwürfel drücken.
- Die Klöße in Mehl wälzen und in das kochende Salzwasser legen.
- In leise siedendem Wasser 10 Minuten gar ziehen lassen.

# Klöße mit Pilzen

## ZUTATEN

- 2–3 EL getrocknete Steinpilze
- 1 Zwiebel
- 1 kg Kartoffeln
- 175 g Stärkemehl
- Salz
- frisch gemahlener weißer Pfeffer
- 200 ml Milch
- 1 EL gehackte Petersilie

## ZUBEREITUNG

- Die Pilze in etwas Wasser einweichen.
- Die Zwiebel schälen und fein hacken.
- Die Kartoffeln mit der Schale kochen, pellen, durch die Kartoffelpresse drücken und in eine Schüssel geben.
- Stärkemehl, Salz und Pfeffer untermischen.
- Die Milch erhitzen und in die Kartoffelmasse einarbeiten.
- Die eingeweichten Pilze zerkleinern und zusammen mit der gehackten Zwiebel und Petersilie unter den Teig mengen.
- In einem Topf Salzwasser zum Kochen bringen, aus dem Teig Klöße formen, in das kochende Salzwasser legen und 15 Minuten darin ziehen lassen.
- Herausnehmen, abtropfen lassen und in eine Schüssel füllen.

# Semmelknödel

## ZUTATEN

- 8 Brötchen vom Vortag
- 375 ml Milch
- 80 g Räucherspeck
- 1 Zwiebel
- 4 Stängel Petersilie
- 1 EL Butter
- 2 Eier
- Salz
- 1 Messerspitze abgeriebene Muskatnuss

## ZUBEREITUNG

- Die Brötchen in feine Scheiben schneiden und in eine Schüssel geben.
- In einem Topf die Milch zum Kochen bringen und die Semmelscheiben damit überbrühen.
- Den Speck in kleine Würfel schneiden.
- Die Zwiebel schälen und fein hacken.
- Die Petersilie waschen, abtropfen lassen und ebenfalls fein hacken.
- In einer Pfanne die Butter erhitzen, die Speckwürfel hineingeben und kross anbraten.
- Zwiebel und Petersilie zufügen, kurz mitrösten und vom Herd nehmen.
- Ausgekühlt mit den Eiern, Salz und Muskat zur Brötchenmasse geben und gut durchkneten.
- Salzwasser zum Kochen bringen.
- Aus der Brötchenmasse mit nassen Händen Klöße formen, in das Salzwasser einlegen und 20 Minuten darin ziehen lassen.
- Herausnehmen, abtropfen lassen und in eine Schüssel füllen.
- Sofort servieren.

# Semmelkloß

## ZUTATEN

- 500 g Weißbrot
- 1 l Milch
- 50 g Butter
- 400 g Mehl
- 2 gestrichene TL Backpulver
- 3 Eier
- Salz
- 1 Messerspitze abgeriebene Muskatnuss

## ZUBEREITUNG

- Vom Weißbrot die Rinde abschneiden und zerkleinern.
- Das Weißbrot zunächst in Scheiben, dann in Streifen schneiden und in eine Schüssel legen.
- Die Milch zum Kochen bringen und über das Weißbrot gießen.
- In einer Pfanne die Butter erhitzen, die Weißbrotrinde darin knusprig anbraten und zur Weißbrotmasse geben.
- Auskühlen lassen.
- Das Mehl mit dem Backpulver vermischen und über die Weißbrotmasse sieben.
- Eier, Salz und Muskatnuss zufügen und alles gut vermengen.
- Salzwasser zum Kochen bringen.
- Den Teig auf eine Serviette geben.
- So zusammenbinden, dass zum Aufgehen des Kloßes Platz bleibt.
- Über einen Quirlstiel in das kochende Salzwasser hängen und 1 Stunde sieden lassen.
- Herausnehmen und in Scheiben schneiden.

# Pfannenkartoffeln

## ZUTATEN

- 1,5 kg mehlig kochende Kartoffeln
- 1/2 TL Salz
- 200 g durchwachsener Speck
- 1/8 l Sonnenblumenöl
- 80 g Butter
- gehackte Kräuter
  (Petersilie, Schnittlauch, Dill)

## ZUBEREITUNG

- Die Kartoffeln in der Schale kochen, pellen und durch die Kartoffelpresse drücken.
- Salzen.
- Den Speck in kleine Würfel schneiden.
- Für die erste Portion Öl in einer Pfanne erhitzen, ein Viertel der Speckwürfel darin knusprig braten, ein Viertel der Kartoffelmasse fingerdick darauf verteilen und 8 Minuten backen.
- Mit der knusprigen Seite nach oben auf einen vorgewärmten Teller geben, Butterflöcken daraufsetzen und gehackte Kräuter darüber streuen.
- Mit den restlichen Zutaten ebenso verfahren.

# Kartoffelpuffer

## ZUTATEN

- 400 g in der Schale gekochte Kartoffeln
- 800 g rohe Kartoffeln
- Salz
- $^{1}/_{4}$ l Buttermilch
- Öl oder Butterschmalz zum Ausbacken

## ZUBEREITUNG

- Die gekochten Kartoffeln abpellen und durch die Kartoffelpresse drücken.
- Die rohen Kartoffeln schälen und fein reiben. Die Kartoffelmasse etwas ausdrücken.
- Beide Kartoffelmassen vermengen, Salz und Buttermilch einarbeiten.
- In einer Pfanne das Öl erhitzen, mehrere Löffel von dem dicklichen Kartoffelteig einfüllen, breit drücken und auf beiden Seiten knusprig anbraten.

# Petersilienkartoffeln

## ZUTATEN

- 1 kg kleine Kartoffeln
- Salz
- 1 Bund glatte Petersilie

## ZUBEREITUNG

- Die Kartoffeln schälen, waschen und in Salzwasser etwa 20 Minuten garen.
- Das Wasser abgießen, die Kartoffeln unter Schütteln kurz dämpfen.
- Die Petersilie abbrausen, abtropfen lassen, von den groben Stielen befreien und fein hacken.
- Die Kartoffeln in eine vorgewärmte Schüssel geben und die Petersilie darüber streuen.

# Karamellisierte Kartoffeln

## ZUTATEN

- 500 g kleine, fest kochende Kartoffeln
- 3 EL Zucker
- 1 EL Butter
- 1 Messerspitze abgeriebene Muskatnuss
- 2 EL gehackte Petersilie

## ZUBEREITUNG

- Die Kartoffeln in der Schale kochen, schälen und auskühlen lassen.
- In einem Topf den Zucker goldbraun rösten, Butter und Muskat zufügen und die Kartoffeln darin schwenken.
- Herausnehmen, in eine vorgewärmte Schüssel geben und mit Petersilie bestreut zu Tisch bringen.

# Kartoffelsalat

## ZUTATEN

- 1,5 kg fest kochende Kartoffeln
- 20 g eingelegte Trüffel (Konserve)
- 8 EL Weinessig
- 8 EL Olivenöl
- Salz
- frisch gemahlener weißer Pfeffer
- 3 Schalotten

## ZUBEREITUNG

- Die Kartoffeln in der Schale kochen, pellen, in dünne Scheiben schneiden und in eine Schüssel geben.
- Die Trüffel ebenfalls in dünne Scheiben schneiden.
- Die Schalotten schälen und fein hacken.
- Mit den Trüffelscheiben unter die Kartoffelscheiben mengen.
- 3 Esslöffel Trüffelwasser mit dem Weinessig, dem Olivenöl, Salz und Pfeffer verrühren und über die Kartoffeln gießen.
- Zugedeckt etwas durchziehen lassen.

# Kartoffelbrei

## ZUTATEN

- 1 kg mehlig kochende Kartoffeln
- Salz
- 1 EL Butter
- 1 Eigelb
- 1 Messerspitze abgeriebene Muskatnuss
- 1/8 l heiße Milch
- 2 EL gehackte Kräuter

## ZUBEREITUNG

- Die Kartoffeln schälen, waschen, halbieren und in Salzwasser weich kochen.
- Das Wasser abgießen.
- Die Kartoffeln mit dem Mixer pürieren.
- Butter, Eigelb, Salz, Muskat, Milch und Kräuter einrühren.

### Variante

Kartoffelbrei schmeckt auch überbacken.
Dafür gibt man die Masse in eine feuerfeste Form, streut 2 – 3 Esslöffel geriebenen Käse (Emmentaler) darüber und setzt einige Butterflöckchen (20 Gramm) darauf.
Bei 200 °C (Umluft 180 °C) 5 Minuten überbacken.

# Spätzle

## ZUTATEN

- 250 g Mehl
- 4 Eier
- 1/2 TL Salz
- 50 g Butter

## ZUBEREITUNG

- Das Mehl in eine Schüssel sieben.
- In die Mitte eine Vertiefung drücken.
- Eier, Salz und 4 Esslöffel Wasser in die Vertiefung geben und von der Mitte aus einen glatten, zähen Teig bereiten.
- Mit einem Kochlöffel die Masse kräftig schlagen.
- In einem Topf Salzwasser zum Kochen bringen.
- Auf einem nassen Spätzlebrett einen Teil des Teiges dünn ausstreichen und mit einer Palette in dünne Streifen teilen.
- Die Spätzle in das kochende Wasser geben und zwei Minuten sprudelnd kochen lassen.
- Herausnehmen, in kaltem Wasser abschrecken und abtropfen lassen.
- Mit dem Rest des Teiges ebenso verfahren.
- In einer Pfanne die Butter zerlassen, die abgetropften, gegarten Spätzle kurz darin schwenken und etwas salzen.

# Eiernudeln

## ZUTATEN

- 3 Eier
- 2 Eigelb
- 250 g Mehl
- 100 g Grieß
- 1/2 TL Salz
- 30 g weiche Butter

Außerdem:

- Mehl zum Ausrollen
- Butterflöckchen

## ZUBEREITUNG

- Eier und Eigelb in eine Schüssel geben und mit einer Gabel schaumig schlagen.
- Das Mehl darüber sieben.
- Grieß, Salz und Butter zufügen und alles zu einem festen Teig verkneten.
- Zugedeckt 1 Stunde ruhen lassen.
- Den Teig in Stücke teilen, die Teigstücke auf bemehlter Fläche hauchdünn ausrollen.
- 1/2 cm breite Streifen schneiden und 5 Minuten trocknen lassen.
- In einem Topf Salzwasser zum Kochen bringen, die Teigstreifen hineingeben und 6 – 8 Minuten sieden lassen.
- Anschließend kurz unter kaltem Wasser abschrecken, in eine vorgewärmte Schüssel füllen, Butterflöckchen aufsetzen und sofort servieren.

# Pilznudeln

## ZUTATEN

- 250 g frische Steinpilze
- 100 g Butter
- Salz
- frisch gemahlener weißer Pfeffer
- 350 g Mehl
- 2 Eier
- 2 Eigelb

## ZUBEREITUNG

- Die Pilze säubern und klein schneiden.
- In einer Pfanne die Hälfte der Butter erhitzen, die Pilze hineingeben, mit Salz und Pfeffer würzen und 5 Minuten bei mäßiger Hitze köcheln lassen.
- Vom Herd nehmen und pürieren.
- Das Mehl in eine Schüssel sieben.
- In die Mitte eine Vertiefung drücken.
- Eier und Eigelb, die restliche Butter, 1/2 Teelöffel Salz und die pürierten Pilze in die Vertiefung geben und von der Mitte her einen festen Teig kneten.
- Zugedeckt 1 Stunde ruhen lassen.
- Den Teig in Stücke teilen, die Teigstücke auf bemehlter Fläche dünn ausrollen und in 1/2 cm breite Streifen schneiden.
- 5 Minuten trocknen lassen.
- In einem Topf Salzwasser zum Kochen bringen, die Nudelstreifen hineingeben und 6 – 8 Minuten garen.
- Anschließend kurz unter kaltem Wasser abschrecken und in eine vorgewärmte Schüssel füllen.

# Roggennudeln

## ZUTATEN

- 400 g Roggenmehl
- 4 Eier
- 4 Eigelb
- 6 EL gehacktes Basilikum
- Salz
- 100 g Butter

## ZUBEREITUNG

- Das Mehl in eine Schüssel sieben und in die Mitte eine Vertiefung drücken.
- Eier, Eigelb, 50 g Butter und 4 EL Basilikum in die Vertiefung geben und von der Mitte her einen festen Teig kneten.
- Zugedeckt 2 Stunden ruhen lassen.
- Den Teig auf bemehlter Fläche dünn ausrollen und in 1/2 cm breite Streifen schneiden.
- Die Nudelstreifen 1 Stunde trocknen lassen.
- In einem Topf Salzwasser zum Kochen bringen, die Nudeln hineingeben und 6–8 Minuten garen.
- In einen Durchschlag geben und kurz kalt abschrecken.
- In einer Pfanne die anderen 50 g Butter zerlassen, Basilikum zufügen und die Nudeln darin schwenken.

# Gemüsereis

## ZUTATEN

- 250 g Langkornreis
- je 1 rote und grüne Paprikaschote
- 40 g Butter
- Salz
- frisch gemahlener weißer Pfeffer
- 1 kleine Dose Mais (etwa 150 g)
- 100 ml Fleischbrühe

## ZUBEREITUNG

- Den Reis waschen, in 1/2 Liter Salzwasser zum Kochen bringen und 20 Minuten köcheln lassen.
- Die Paprikaschoten waschen, putzen und in Streifen schneiden.
- In einem Topf die Butter erhitzen, die Paprikastreifen hineingeben, mit Salz und Pfeffer würzen und 10 Minuten dünsten.
- Den abgetropften Mais, die Fleischbrühe und den gegarten Reis dazugeben, erhitzen und 5 Minuten köcheln lassen.
- Abschmecken und mit Kräutern bestreut servieren.

# Butterreis

## ZUTATEN

- 50 g Wildreis
- 125 g Langkornreis
- 80 g Butter

## ZUBEREITUNG

- Den Wildreis waschen und in 1/2 Liter Wasser 30 Minuten quellen lassen.
- Danach zum Kochen bringen und 45 Minuten garen.
- Abgießen.
- Den Langkornreis waschen, in 1/4 Liter Salzwasser zum Kochen bringen, zugedeckt bei mäßiger Hitze 20 Minuten köcheln lassen.
- In einer Pfanne die Butter erhitzen, beide Reissorten hineingeben und vermischen.

# Grünkohl

## ZUTATEN

- 1,5 kg Grünkohl
- Salz
- 1 Zwiebel
- 100 g Schweineschmalz
- 150 g durchwachsener Speck
- frisch gemahlener schwarzer Pfeffer
- 500 g saftige Birnen

## ZUBEREITUNG

- Grünkohl von den Rippen streifen, waschen und in 1/2 Liter Salzwasser kurz aufkochen.
- Die Zwiebel schälen und fein hacken.
- In einem Topf das Schmalz zerlassen und die Zwiebel darin dünsten.
- Den Speck in kleine Würfel schneiden und zusammen mit der gedünsteten Zwiebel und etwas Pfeffer zum Grünkohl geben.
- Zum Kochen bringen und bei mäßiger Hitze 50 Minuten köcheln lassen.
- Die Birnen schälen, in Viertel teilen, dabei das Kerngehäuse entfernen.
- Die Birnenviertel zum Grünkohl geben und 10 Minuten mitgaren.
- Mit Salz und Pfeffer abschmecken.

## TIPP

Für ein gutes Grünkohlgericht sollten dunkle, knackige Blätter verwendet werden, die „reif“ sind, also den ersten Frost abgekriegt haben.

# Knackiger grüner Kopfsalat

## ZUTATEN

- 1 Kopfsalat
- 2 EL Zitronensaft
- $^{1}/_{8}$ l saure Sahne
- $^{1}/_{2}$ TL Zucker
- 1 kräftige Prise Salz
- 2 EL Schnittlauchröllchen

## ZUBEREITUNG

- Den Salat putzen, waschen, abtropfen lassen und in mundgerechte Stücke teilen.
- Aus Zitronensaft, saurer Sahne, Zucker und Salz eine Marinade bereiten und über die Salatblätter gießen.
- Alles vorsichtig vermischen.
- Schnittlauchröllchen darüber geben und sofort servieren.

# Rote Zwiebeln

## ZUTATEN

- 500 g Zwiebeln
- 500 g Tomaten
- 60 g Butter
- 1 EL Mehl
- 4 EL saure Sahne
- Salz
- Zucker

## ZUBEREITUNG

- Die Zwiebeln schälen und fein schneiden.
- Die Tomaten waschen und in Scheiben schneiden.
- In einer Kasserolle die Butter erhitzen, zuerst die Zwiebeln hineingeben und darauf die Tomaten anordnen.
- Erhitzen und dann 10 Minuten leicht köcheln lassen.
- Durch ein Sieb streichen.
- Das Mehl in der sauren Sahne verquirlen und in die Zwiebel-Tomaten-Masse einrühren.
- Mit Salz und Zucker abschmecken.

# Zwiebelgemüse

## ZUTATEN

- 500 g Zwiebeln
- 60 g Butter
- 2 Äpfel (250 g)
- Saft von einer halben Zitrone
- 1 Paprikaschote
- frisch gemahlener schwarzer Pfeffer
- 1 kräftige Prise Zucker
- Salz

## ZUBEREITUNG

- Die Zwiebeln schälen, in dünne Scheiben schneiden und in einem Topf mit wenig Wasser 8 Minuten dünsten.
- Die Äpfel schälen, das Kerngehäuse entfernen und in 1 cm dicke Scheiben schneiden, mit Zitronensaft beträufeln und beiseite stellen.
- Die Paprikaschote waschen und in Streifen schneiden.
- In einem Topf die Butter erhitzen und die Paprikastreifen darin 10 Minuten dünsten.
- Paprikastreifen und Apfelscheiben zu den Zwiebeln geben.
- 5 Minuten köcheln lassen und mit Pfeffer, Zucker und Salz abschmecken.

# Glasierte Schalotten

## ZUTATEN

- 250 g Schalotten
- 70 g Butter
- 40 g Zucker
- 2 bis 3 EL Fleischbrühe

## ZUBEREITUNG

- Die Schalotten vorsichtig schälen, damit die Oberfläche nicht beschädigt wird.
- In einer Pfanne die Butter erhitzen, den Zucker einrühren, die Schalotten hineingeben und unter ständigem Schütteln ringsum bräunen.
- Sobald der Zucker beginnt zu stark zu karamellisieren, etwas Fleischbrühe zugeben.
- Die Schalotten so lange weiter bewegen, bis die Flüssigkeit verdampft ist.
- Die Schalotten herausnehmen, wenn sie goldbraun sind und glänzen.

# Kräuterbrot

## ZUTATEN

- 500 g Mehl
- 40 g Hefe
- 1/8 l Milch
- 4 EL fein gehackte Schalotten
- 1 Bund Schnittlauch, fein geschnitten
- 1/2 TL Salz
- 1 TL gemahlener Kümmel
- 50 g weiche Butter
- 1 Ei

Außerdem:

- Butter für die Kastenform
- 1 Eigelb zum Bestreichen
- Salz und Kümmel zum Bestreuen

## ZUBEREITUNG

- Das Mehl in eine Schüssel sieben und in die Mitte eine Vertiefung drücken.
- Die Hefe in etwas lauwarmer Milch verquirlen und in die Vertiefung gießen.
- Etwas Mehl darüber stäuben und zugedeckt 30 Minuten gehen lassen.
- Von der Mitte her einen geschmeidigen Teig bereiten, dabei die restliche Milch, Schalotten, Schnittlauch, Salz, Kümmel, Butter und Ei zugeben und zugedeckt 1 Stunde gehen lassen.
- Eine Kastenform ausbuttern.
- Den Teig durchkneten und in die Form füllen.
- Mit Eigelb bestreichen und mit Salz und Kümmel bestreuen.
- Im vorgeheizten Backofen bei 200 °C (Umluft 180 °C) etwa 1 Stunde backen.

# Sauerkrautbrot

## ZUTATEN

- 1 kg Mehl
- 60 g Hefe
- knapp 1/2 l Milch
- 150 g weiche Butter
- 2 Eier
- 1 TL Salz
- 4 Zwiebeln
- 1 kg Sauerkraut
- 30 g Butterschmalz

Außerdem:

- Butter für das Backblech
- 1 Eigelb und 2 EL Milch

## ZUBEREITUNG

- Das Mehl in eine Schüssel sieben und in die Mitte eine Vertiefung drücken.
- Die Hefe in etwas lauwarmer Milch verquirlen und in die Vertiefung gießen.
- Mit etwas Mehl bestäuben und zugedeckt 30 Minuten gehen lassen.
- Von der Mitte her einen Teig bereiten, dabei die restliche Milch, Butter, Eier und Salz zufügen.
- Alles gut verkneten und zugedeckt 1 Stunde gehen lassen.
- Inzwischen die Zwiebeln schälen und in kleine Würfel schneiden.
- Das Sauerkraut fein hacken.
- In einem Topf das Butterschmalz erhitzen, die Zwiebeln darin glasig werden lassen, das Kraut zufügen und 10 Minuten schmoren lassen und auskühlen lassen.
- Den Teig gut durchkneten und halbieren.
- Ein Backblech ausbuttern.
- Eine Teighälfte ausrollen und auf das Backblech geben.
- Einen Rand hochziehen, das Sauerkraut auf der Teigplatte verteilen, die andere Teighälfte ausrollen, auf das Kraut legen und die Ränder fest andrücken.
- Eigelb und Milch verrühren und das Brot damit bepinseln.
- Im vorgeheizten Backofen bei 200 °C (Umluft 180 °C) etwa 45 Minuten backen.

# Speckbrötchen

## ZUTATEN

Für den Teig:

- 500 g Mehl
- 30 g Hefe
- $^{1}/_{8}$ l Milch
- 1 Ei
- 50 g Butter
- $^{1}/_{2}$ TL Salz

Für die Füllung:

- 250 g durchwachsener Speck
- 1 Zwiebel
- 30 g Butterschmalz

Außerdem:

- 2 Eigelb zum Bepinseln
- Butter für das Backblech

## ZUBEREITUNG

- Das Mehl in eine Schüssel sieben und in die Mitte eine Vertiefung drücken.
- Die Hefe in ein wenig lauwarmer Milch verquirlen und in die Vertiefung gießen.
- Etwas Mehl darüber stäuben.
- Ei, die Butter in Flöckchen und das Salz auf dem Mehlrand verteilen und zugedeckt 20 Minuten gehen lassen.
- Von der Mitte her einen geschmeidigen Teig bereiten und zugedeckt 30 Minuten gehen lassen.
- Inzwischen den Speck in kleine Würfel schneiden.
- Die Zwiebel schälen und fein hacken.
- In einer Pfanne das Butterschmalz erhitzen, Speck und Zwiebel darin goldbraun braten.
- Den Teig zusammenstoßen, durchkneten, zur Rolle formen und in 16 Stücke teilen.
- Jedes Stück ausrollen, in die Mitte jeweils etwas von der Speck-Zwiebel-Mischung geben, dann den Teig zu einem ovalen Brötchen formen.
- Mit Eigelb bepinseln und mit einem Messer dreimal schräg einkerben.
- Ein Backblech ausbuttern, die Speckbrötchen darauf setzen und bei 200 °C (Umluft 180 °C) etwa 30 Minuten backen.

# Kräuterhörnchen

## ZUTATEN

- 500 g Mehl
- 30 g Hefe
- 300 ml Milch
- 2 Schalotten
- 2 Knoblauchzehen
- 1 Bund Schnittlauch
- 1 Bund Petersilie
- 100 g Butter
- 1 TL Salz
- 1 TL gemahlener Kümmel
- 1 TL Majoran

Außerdem:

- 2 Eigelb zum Bepinseln
- Kümmel und Salz
- Butter für das Backblech

## ZUBEREITUNG

- Das Mehl in eine Schüssel sieben und in die Mitte eine Vertiefung drücken.
- Die Hefe in etwas lauwarmer Milch verquirlen und in die Vertiefung gießen.
- Mit etwas Mehl bestäuben und zugedeckt 20 Minuten gehen lassen.
- Die Schalotten und die Knoblauchzehen schälen und fein hacken.
- Schnittlauch und Petersilie waschen, abtropfen lassen und ebenfalls fein hacken.
- Schalotten, Knoblauch, Kräuter, die Butter in Flöckchen, Salz, Kümmel und Majoran auf den Mehlrand geben.
- Von der Mitte her einen geschmeidigen, glatten Teig bereiten, dabei die restliche Milch zugießen.
- Den Teig ausrollen, Quadrate von 12 x 12 cm schneiden, von einer Ecke her aufrollen und zu Hörnchen formen.
- Mit verquirltem Eigelb bestreichen und mit Kümmel und Salz bestreuen.
- Ein Backblech ausbuttern, die Hörnchen daraufsetzen und im vorgeheizten Backofen bei 200 °C (Umluft 180 °C) etwa 25 Minuten backen.

# Hörnchen mit Fleischfülle

## ZUTATEN

Für den Teig:

- 300 g Mehl
- 1 Päckchen Backpulver
- 250 g Butter
- 1/2 TL Salz
- 300 g ausgepresster Quark

Für die Füllung:

- 100 g geräucherte Entenbrust
- 150 g gegartes Kaninchenfleisch
- 2 EL gehackte Nüsse (Haselnüsse oder Walnüsse)

Außerdem:

- Milch zum Bestreichen
- Butter für das Backblech

## ZUBEREITUNG

- Das Mehl mit dem Backpulver vermischen und in eine Schüssel sieben.
- In die Mitte eine Vertiefung drücken.
- Die Butter in Stücke schneiden und zusammen mit dem Quark und dem Salz in die Vertiefung geben.
- Etwas Mehl darüber geben und von der Mitte her alles zu einem glatten, geschmeidigen Teig verkneten und auf bemehlter Fläche ½ cm dick ausrollen.
- Mehrmals übereinanderschlagen und nochmals ausrollen.
- Diesen Vorgang dreimal wiederholen und den Teig über Nacht kühl stellen.
- Am Backtag das Kaninchenfleisch klein schneiden, die Entenbrust häuten und in kleine Würfel schneiden.
- Den Teig ausrollen und in Quadrate von 12 x 12 cm schneiden.
- Einen Teil der Fläche mit Kaninchenfleisch, Entenbrust und Nüssen belegen.
- Von einer Ecke her aufrollen, zu Hörnchen formen und mit Milch bestreichen.
- Ein Backblech ausbuttern, die Hörnchen darauf setzen und bei 200 °C (Umluft 180 °C) etwa 25 Minuten backen.

# Zwiebelbrötchen

## ZUTATEN

- 500 g Schalotten
- 200 g Räucherspeck
- 1 EL Butterschmalz
- 250 g Weizenmehl
- 250 g Weizenschrot
- 40 g Hefe
- 1/2 TL Salz

Außerdem:

- 2 Eigelb zum Bepinseln
- Butter für das Backblech

## TIPP

Man kann die Brötchen mit einem Aufstrich aus Knoblauch-Kräuterbutter verfeinern.

125 g weiche Butter
2 – 3 Knoblauchzehen
1 EL gehackte Frühlingskräuter
1 TL zerriebener Thymian
Saft von einer halben Zitrone
Salz

Die Butter cremig rühren.
Den Knoblauch schälen und fein hacken.
Knoblauch, Kräuter, Thymian, Zitronensaft und Salz zur Butter geben und alles gut vermischen.

## ZUBEREITUNG

- Die Schalotten schälen und in dünne Scheiben.
- Den Speck in kleine Würfel schneiden.
- In einer Pfanne das Butterschmalz erhitzen, die Speckwürfel hineingeben und auslassen.
- Zwiebelscheiben dazugeben und goldbraun braten.
- Auskühlen lassen.
- Weizenmehl und Weizenschrot in eine Schüssel geben und in die Mitte eine Vertiefung drücken.
- Die Hefe in 300 ml lauwarmem Wasser auflösen und in die Vertiefung gießen.
- Etwas Mehl darüber stäuben.
- Das Salz auf dem Mehlrand verteilen und zugedeckt 30 Minuten gehen lassen.
- Von der Mitte her einen geschmeidigen Teig bereiten und wiederum zugedeckt 30 Minuten gehen lassen.
- Das Speck-Zwiebel-Gemisch einarbeiten und alles weitere 10 Minuten gehen lassen.
- Den Teig zu einer Rolle formen und in 16 Stücke teilen.
- Jedes Stück in ovale Brötchenform bringen, mit verquirltem Eigelb bestreichen und mit einem Messer dreimal schräg einkerben.
- Ein Backblech ausbuttern, die Brötchen daraufgeben und im vorgeheizten Backofen bei 200 °C (Umluft 180 °C) etwa 30 Minuten backen.

# Rezeptverzeichnis

# Rezeptverzeichnis

# Für Ihre Notizen

# Für Ihre Notizen